만들고 움직이고 놀이해요

창의력 쑥쑥!

재미있는 남자아이 종이접기

사사가와 이사무 지음
남가영 옮김

은하수 미디어
EUNHASOOMEDIA

목차

종이접기 기초 다지기 --- 6

종이접기에 필요한 준비물 --- 9

깔끔하게 접는 요령 --- 45

파트1 게임 & 전자기기

게임기 --- 12

컨트롤러 --- 14

전설의 기사 --- 16

도깨비 --- 19

강철 손톱 --- 20

무기 --- 22

컴퓨터 --- 26

드론 --- 28

찰칵찰칵 카메라 --- 30

순간 이동 게임 --- 32

데굴데굴 톱니바퀴 --- 34

운명의 룰렛 --- 36

수상한 버튼 --- 38

긴급 레버 --- 41

파트 2 생물

곤충

집게가 멋진 사슴벌레 &
뿔이 멋진 장수풍뎅이 --- 48

곤충 비행기 --- 53

동물

빙그르르 고양이 --- 56

판다 --- 58

사자 --- 60

바다 생물

꾸벅꾸벅 펭귄 --- 61

아기 바다거북 --- 64

높이 뛰어오르는
고래 --- 67

고래상어 --- 70

전설 속 동물

날개 달린 드래곤 --- 72

불사조 & 유니콘 --- 76

스르륵 유령 --- 80

난이도 작품 이름의 왼쪽 위에 종이접기 난이도를 4단계로 표시했습니다.

쉬움 | 보통 | 조금 어려움 | 어려움

파트 3 공룡 & 고대 생물

공룡 머리 --- 84

티라노사우루스 --- 86

벨로키랍토르 --- 89

트리케라톱스 가족 --- 92

스테고사우루스 --- 98

브리키오사우루스 --- 101

안킬로사우루스 --- 104

프테라노돈 --- 106

수장룡 엘라스모사우루스 --- 109

아노말로카리스 --- 112

파트 4 탈 것

곡예 비행기 --- 116

헬리콥터 --- 118

피융 로켓 --- 120

기관차 --- 122

자동차 --- 124

중장비차 --- 126

F-1 카 & 레이싱 카 --- 133

파트 5 스포츠

축구 --- 140

야구 --- 144

농구 · 슈팅 게임 --- 147

골프 --- 149

테니스 --- 152

스케이트보드 --- 154

체조 선수 --- 156

파트 6 놀이 & 재미

로켓 손가락 --- 162

사과하는 사람 --- 164

팬티 --- 166

뱅글뱅글 새싹 --- 168
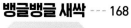

손가락 표창 --- 170

고무줄 표창 --- 172

점프하는 설산 --- 174

모자 날리기 --- 176

빙글빙글 별 --- 178

리듬 악기 --- 180

딱총 --- 183

바비큐 --- 184

햄버거 가게 --- 186

초밥집 --- 189

종이접기 기초 다지기

이 책에 나오는 종이접기를 할 때 알아두면 편리한 기호와 기본 접기 방법을 알아볼게요.

골접기
점선이 안으로 숨도록 '골짜기' 모양으로 접는 방법이에요.

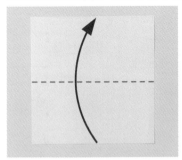

골짜기 표시선을 따라 화살표 방향으로 접어요.

산접기
점선이 밖으로 보이도록 '산' 모양으로 접는 방법이에요.

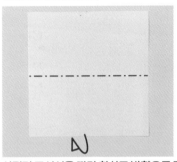

산접기 표시선을 따라 화살표 방향으로 접어요.

깔끔하게 접는 요령

■ 손다림질
접힌 부분을 손가락으로 꾹꾹 눌러요.

■ 자
더욱 확실하게 접고 싶으면 자처럼 딱딱한 물건으로 꾹꾹 눌러 주면 돼요.

접기선 만들기
접기선을 만들거나 깔끔하게 접기 위해 안내선을 만드는 방법이에요. 점선을 따라 접었다가 펴면 '접기선'이 생겨요.

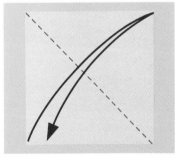

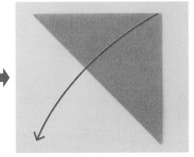

점선을 따라 접었다가 펴면 '접기선'이 생겨요.

● 접지 않는 화살표
2장 겹치기, 원 만들기, 접었다 펴기를 할 때 사용하는 화살표예요.

● 똑같이 나누기
둥근 산 모양이 두 개 있으면 2등분, 세 개 있으면 3등분을 해요.

계단접기

접은 모양이 계단처럼 보여요.
표시선을 따라 골접기와 산접기를 해요.

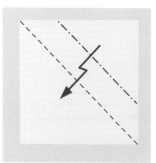 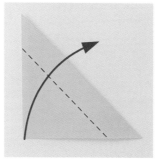 

그대로 따라 하면 '계단 접기' 완성!

■ 접기선에 맞춰서 계단접기를 하는 법

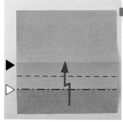 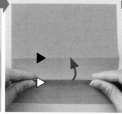 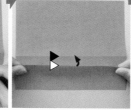 

접기선 △을 ▲에 맞춰서   △을 꼬집듯 잡아요.   잡은 △을 ▲에 갖다 대요.   ▲에 잘 맞춘 뒤 꾹꾹 눌러
접어요.   접어요.

병풍접기

같은 폭으로 골짜기접기와 산접기를 반복해서 접는 방법이에요.
자연스럽게 펴면 생기는 톱니 모양을 활용해서 작품을 만들어요.

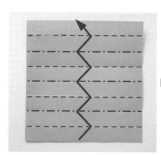  

표시선대로 골짜기접기와   끝까지 접으면 폭이 좁아져요.   자연스럽게 펴면 톱니 모양이
산접기를 반복해요.   생겨요.

펴서 눌러 접기

주머니 사이에 손가락을 넣어서 부풀리거나 세운 후에 꾹꾹 누르는
방법이에요.

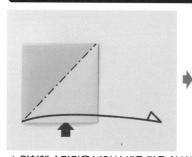 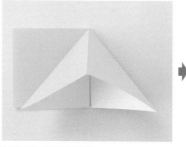 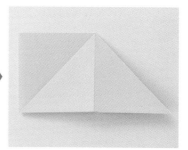

➡ 위치에 손가락을 넣어서 세운 다음 화살표 방향으로 펴서 접어요.

종이접기 기호

골접기 표시선

산접기 표시선

골접기화살표

산접기화살표

손가락 넣기
화살표

접지않는 화살표

 옆으로 뒤집기

 위로 뒤집기

 방향돌리기

 크게

작게

위치를 나타내는 표시

★ ☆ ▲ △
● ○

넣어 접기

종이를 펴면서 모서리를 안쪽으로 밀어 넣어요.

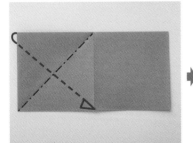 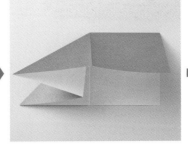 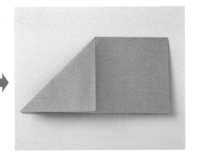

위치에 손가락을 넣어서 세운 다음 화살표 방향으로 펴서 접어요.

안으로 넣어 접기

접힌 부분 사이를 가르듯이 안으로 넣어서 접어요.

미리 만들어 놓은 접기선을 따라서 안으로 넣어요.

접힌 부분을 펴서 접기선대로 접어요.

접으면 산접기와 골짜기접기 방향이 바뀌어요.

편 부분을 다시 접으면 완성!

표시선을 그려서 접기선을 만들기

접기선이 많거나 접기선의 위치를 접어서 표시하기 힘들 때 연필이나 색연필로 선을 그으면 종이접기할 때 헷갈리지 않아요.

도안을 보면서 접기선이 필요한 부분에 선을 그어요.

선을 그은 후에 도안대로 산접기나 골짜기접기를 해요.

접은 모습이에요.

안쪽에서 본 모습이에요.

뒤집기

옆으로 뒤집기

위로 뒤집기

위와 아래 방향은 그대로 놓고 옆으로 뒤집어요.

왼쪽과 오른쪽은 그대로 놓고 아래에서 위로 뒤집어요.

종이접기에 필요한 준비물

색종이

다양한 크기의 색종이가 있지만 처음에는 15센티미터 색종이를 준비하세요. 단면 색종이, 양면 색종이, 무늬 색종이처럼 종류도 많아요.

15센티미터

11센티미터

7.5센티미터

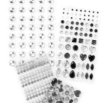

있으면 편리한 아이템
● 장식 스티커
작품을 완성한 후 붙이면 작품이 훨씬 멋있어져요.

테이프

접은 부분을 고정하거나 여러 작품을 연결할 때 써요. 마스킹 테이프가 더 사용하기 편리해요.

동그라미 스티커

완성한 작품에 붙여 눈, 코를 만들거나 다양한 방법으로 꾸밀 때 써요. 하얀 스티커에 원하는 색을 칠해도 좋아요. 까맣게 칠하면 눈으로 사용할 수 있어요.

커터 칼

종이를 자를 때 써요. 다치지 않게 조심해야 해요.

커팅 매트

커터 칼로 종이를 자를 때 종이 아래에 깔아요.

자

종이를 자를 때 써요. 다치지 않게 조심해야 해요.

가위

종이를 자를 때 써요. 다치지 않게 조심해야 해요.

풀

고체 풀이 쓰기 편해요. 빨리 마르는 것보다 천천히 마르는 풀이 더 좋아요.

펜

완성된 작품에 얼굴이나 무늬를 그릴 때 써요. 종이용 마커가 색이 선명하게질 보여서 좋아요. 필요할 때 준비하면 돼요.

동그라미 스티커 활용법

● × 2 + ◖◗

◖◗ × 2 + ●

● + ◯ × 2 + ◖◗ + ● × 2

파트 1

게임 & 전자기기

게임 속 세계에서 등장하는 전사와 악당,
흥미로운 무기나 도구들을 접을 거예요.
더불어 꼭 갖고 싶은 게임기와 멋진
전자기기도 접을 수 있어요.

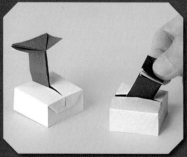

쉬움

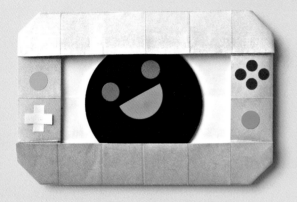

게임기

화면을 보면서 게임을 할 수 있는 전자기기예요.
스위치 버튼으로 스티커를 붙여서 만들면 진짜
게임기처럼 멋진 작품이 완성돼요.

준비물
색종이 1장

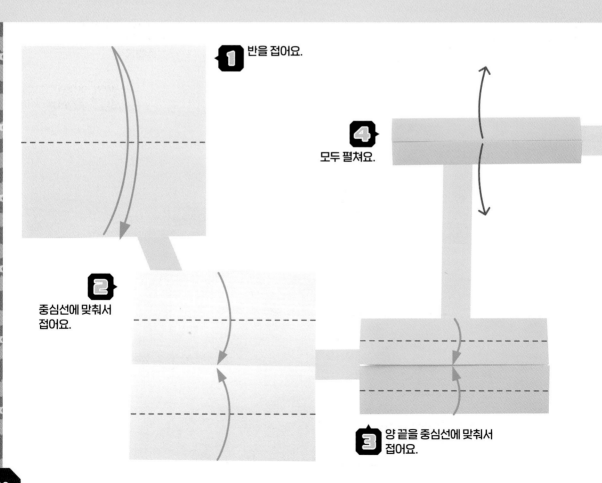

1 반을 접어요.

2 중심선에 맞춰서
접어요.

3 양 끝을 중심선에 맞춰서
접어요.

4 모두 펼쳐요.

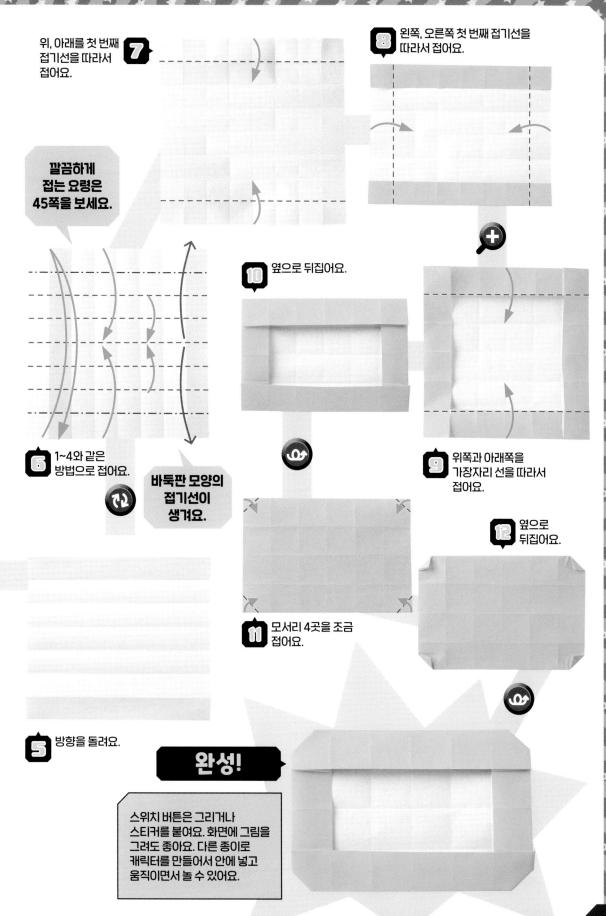

7 위, 아래를 첫 번째 접기선을 따라서 접어요.

8 왼쪽, 오른쪽 첫 번째 접기선을 따라서 접어요.

깔끔하게 접는 요령은 45쪽을 보세요.

10 옆으로 뒤집어요.

6 1~4와 같은 방법으로 접어요.

바둑판 모양의 접기선이 생겨요.

9 위쪽과 아래쪽을 가장자리 선을 따라서 접어요.

12 옆으로 뒤집어요.

11 모서리 4곳을 조금 접어요.

5 방향을 돌려요.

완성!

스위치 버튼은 그리거나 스티커를 붙여요. 화면에 그림을 그려도 좋아요. 다른 종이로 캐릭터를 만들어서 안에 넣고 움직이면서 놀 수 있어요.

컨트롤러

준비물
색종이 1장

게임 컨트롤러를 만들어 볼게요! 뿅!뿅!뿅!
버튼을 누르면서 놀아요. 여러 개를 만들어서
게임 대결도 할 수 있어요.

놀이법

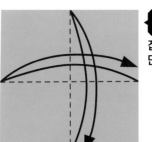

아래 뾰족한 뿔을 잡고 엄지손가락으로
버튼을 누르면서 놀아요!

1 접기선을
만들어요.

2 모서리 네 곳을 접어서 접기선을
만들어요.

3 옆으로 뒤집어요.

4 양 옆을 중심선에
맞춰서 접어요.

5 위, 아래를 중심선에
맞춰 접어서 접기선을
만들어요.

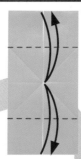

6 위, 아래 가운데에 있는 모서리를
바깥쪽으로 펴서 눌러 접어요.

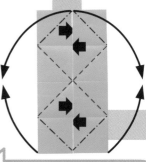

바깥쪽으로
편 모습.

아래 가장자리는 중심선에
맞춰서 눌러 접어요.

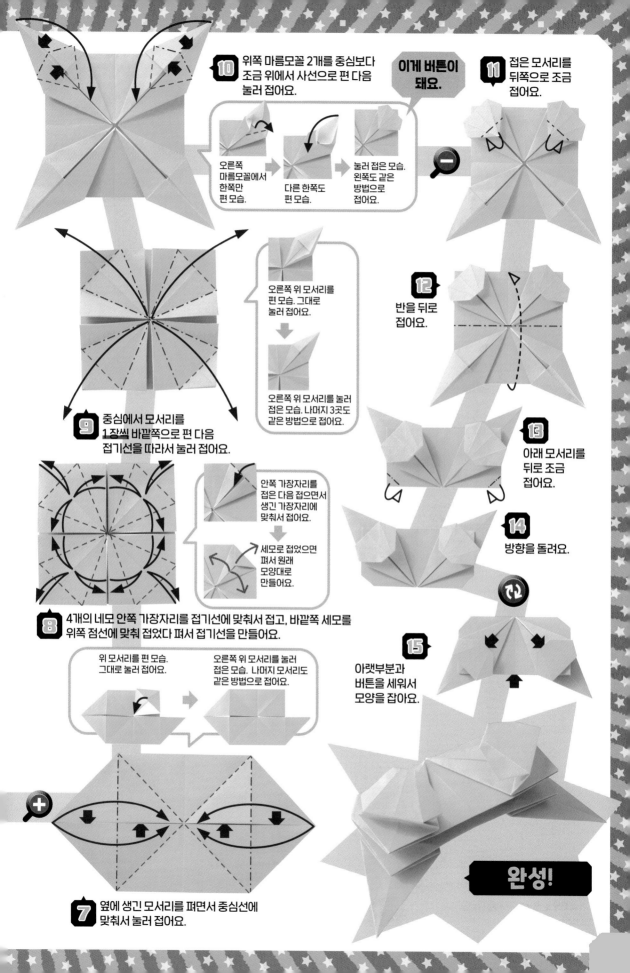

10 위쪽 마름모꼴 2개를 중심보다 조금 위에서 사선으로 편 다음 눌러 접어요.

이게 버튼이 돼요.

11 접은 모서리를 뒤쪽으로 조금 접어요.

오른쪽 마름모꼴에서 한쪽만 편 모습.

다른 한쪽도 편 모습.

눌러 접은 모습. 왼쪽도 같은 방법으로 접어요.

오른쪽 위 모서리를 편 모습. 그대로 눌러 접어요.

오른쪽 위 모서리를 눌러 접은 모습. 나머지 3곳도 같은 방법으로 접어요.

12 반을 뒤로 접어요.

9 중심에서 모서리를 1장씩 바깥쪽으로 편 다음 접기선을 따라서 눌러 접어요.

13 아래 모서리를 뒤로 조금 접어요.

안쪽 가장자리를 접은 다음 접으면서 생긴 가장자리에 맞춰서 접어요.

세모로 접었으면 펴서 원래 모양대로 만들어요.

14 방향을 돌려요.

8 4개의 네모 안쪽 가장자리를 접기선에 맞춰서 접고, 바깥쪽 세모를 위쪽 점선에 맞춰 접었다 펴서 접기선을 만들어요.

위 모서리를 편 모습. 그대로 눌러 접어요.

오른쪽 위 모서리를 눌러 접은 모습. 나머지 모서리도 같은 방법으로 접어요.

15 아랫부분과 버튼을 세워서 모양을 잡아요.

7 옆에 생긴 모서리를 펴면서 중심선에 맞춰서 눌러 접어요.

완성!

전설의 기사

유럽풍 갑옷에 강해 보이는 기사예요.
검과 방패를 들고 싸울 준비를 마쳤네요.
종이 씨름 놀이를 하며 놀아도 재미있겠죠?

준비물
색종이 1장

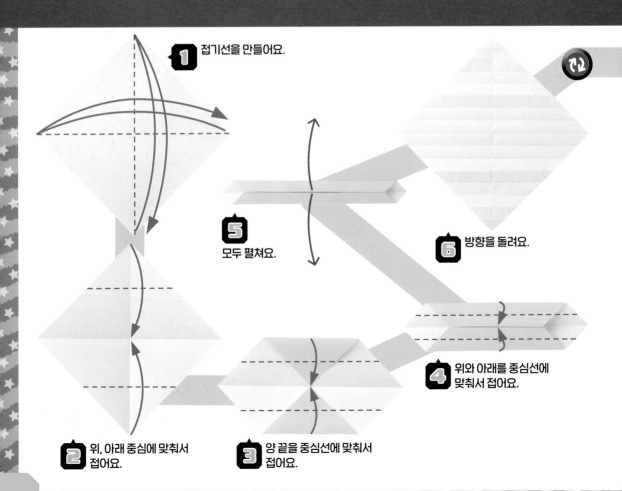

1 접기선을 만들어요.

5 모두 펼쳐요.

6 방향을 돌려요.

4 위와 아래를 중심선에 맞춰서 접어요.

2 위, 아래 중심에 맞춰서 접어요.

3 양 끝을 중심선에 맞춰서 접어요.

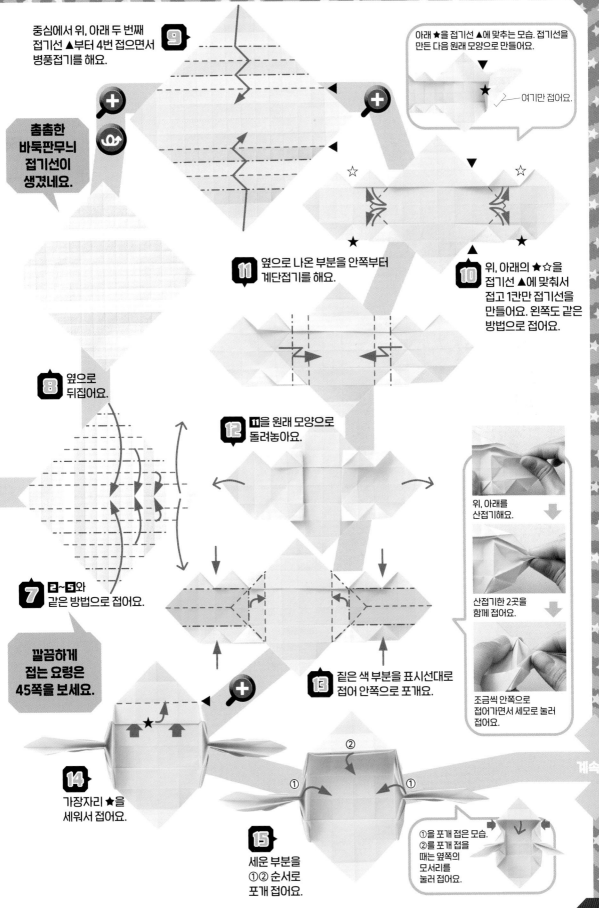

중심에서 위, 아래 두 번째 접기선 ▲부터 4번 접으면서 병풍접기를 해요.

9

아래 ★을 접기선 ▲에 맞추는 모습. 접기선을 만든 다음 원래 모양으로 만들어요.

여기만 접어요.

촘촘한 바둑판무늬 접기선이 생겼네요.

11 옆으로 나온 부분을 안쪽부터 계단접기를 해요.

10 위, 아래의 ★☆을 접기선 ▲에 맞춰서 접고 1칸만 접기선을 만들어요. 왼쪽도 같은 방법으로 접어요.

8 옆으로 뒤집어요.

12 **11**을 원래 모양으로 돌려놓아요.

위, 아래를 산접기해요.

산접기한 2곳을 함께 접어요.

7 **2~5**와 같은 방법으로 접어요.

깔끔하게 접는 요령은 45쪽을 보세요.

조금씩 안쪽으로 접어가면서 세로로 눌러 접어요.

13 짙은 색 부분을 표시선대로 접어 안쪽으로 포개요.

계속

14 가장자리 ★을 세워서 접어요.

15 세운 부분을 ①② 순서로 포개 접어요.

①을 포개 접은 모습. ②를 포개 접을 때는 옆쪽의 모서리를 눌러 접어요.

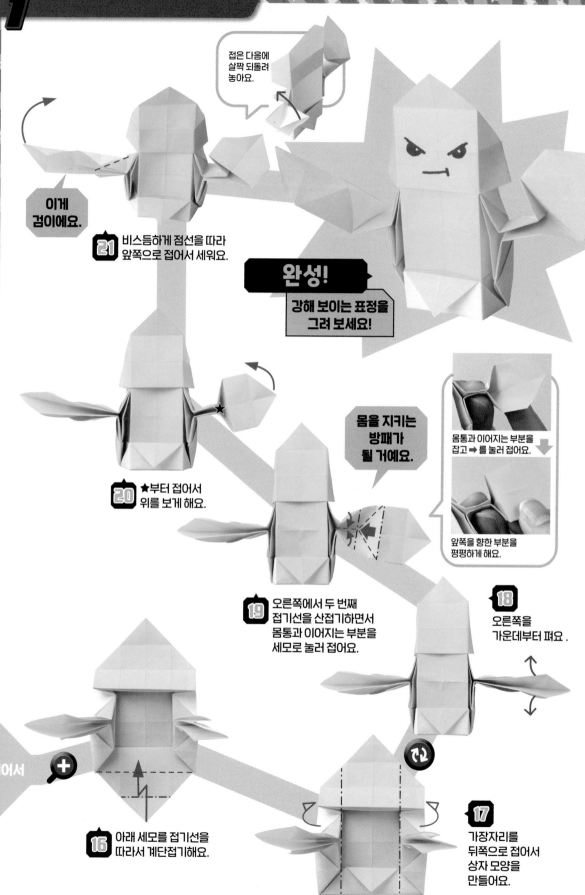

접은 다음에 살짝 되돌려 놓아요.

이게 검이에요.

21 비스듬하게 점선을 따라 앞쪽으로 접어서 세워요.

완성!

강해 보이는 표정을 그려 보세요!

20 ★부터 접어서 위를 보게 해요.

몸을 지키는 방패가 될 거예요.

몸통과 이어지는 부분을 잡고 ➡ 를 눌러 접어요.

앞쪽을 향한 부분을 평평하게 해요.

19 오른쪽에서 두 번째 접기선을 산접기하면서 몸통과 이어지는 부분을 세로로 눌러 접어요.

18 오른쪽을 가운데부터 펴요.

이어서 ➕

16 아래 세모를 접기선을 따라서 계단접기해요.

22

17 가장자리를 뒤쪽으로 접어서 상자 모양을 만들어요.

도깨비

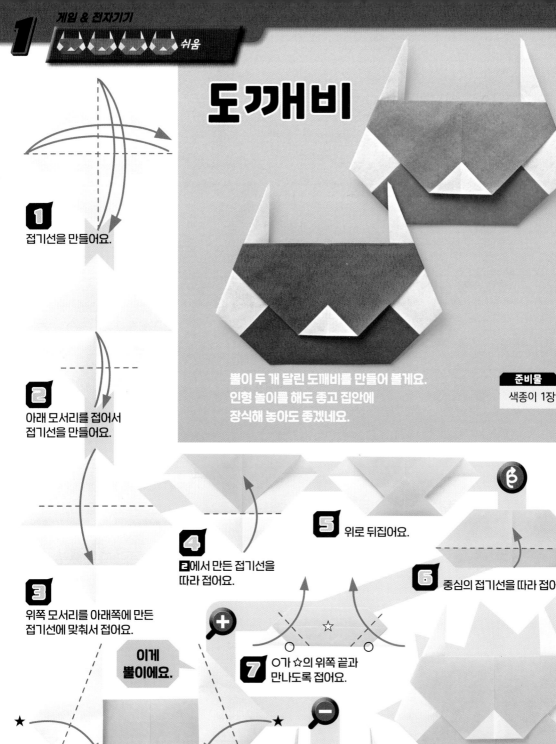

뿔이 두 개 달린 도깨비를 만들어 볼게요.
인형 놀이를 해도 좋고 집안에
장식해 놓아도 좋겠네요.

준비물
색종이 1장

1 접기선을 만들어요.

2 아래 모서리를 접어서
접기선을 만들어요.

3 위쪽 모서리를 아래쪽에 만든
접기선에 맞춰서 접어요.

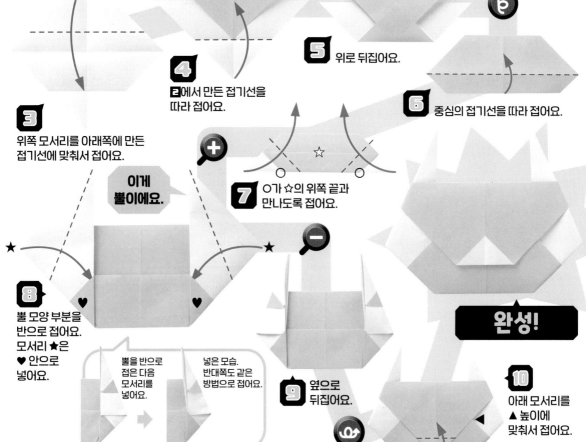

4 **2**에서 만든 접기선을
따라 접어요.

5 위로 뒤집어요.

6 중심의 접기선을 따라 접어요.

7 ○가 ☆의 위쪽 끝과
만나도록 접어요.

이게
뿔이에요.

8 뿔 모양 부분을
반으로 접어요.
모서리 ★은
♥ 안으로
넣어요.

뿔을 반으로
접은 다음
모서리를
넣어요.

넣은 모습.
반대쪽도 같은
방법으로 접어요.

9 옆으로
뒤집어요.

완성!

10 아래 모서리를
▲ 높이에
맞춰서 접어요.

1

보통

강철 손톱

준비물

11~15센티미터
색종이 4장
(양손에 끼우면 8장)

집게손가락, 가운뎃손가락, 약손가락, 새끼손가락에 끼우면 멋진 무기가 됩니다.
호랑이나 곰 같은 맹수와 싸워도 이길 것 같은 손톱이지요?

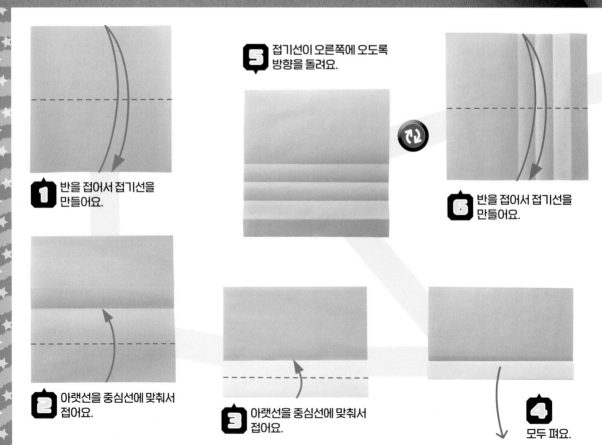

1 반을 접어서 접기선을
만들어요.

2 아랫선을 중심선에 맞춰서
접어요.

3 아랫선을 중심선에 맞춰서
접어요.

4 모두 펴요.

5 접기선이 오른쪽에 오도록
방향을 돌려요.

6 반을 접어서 접기선을
만들어요.

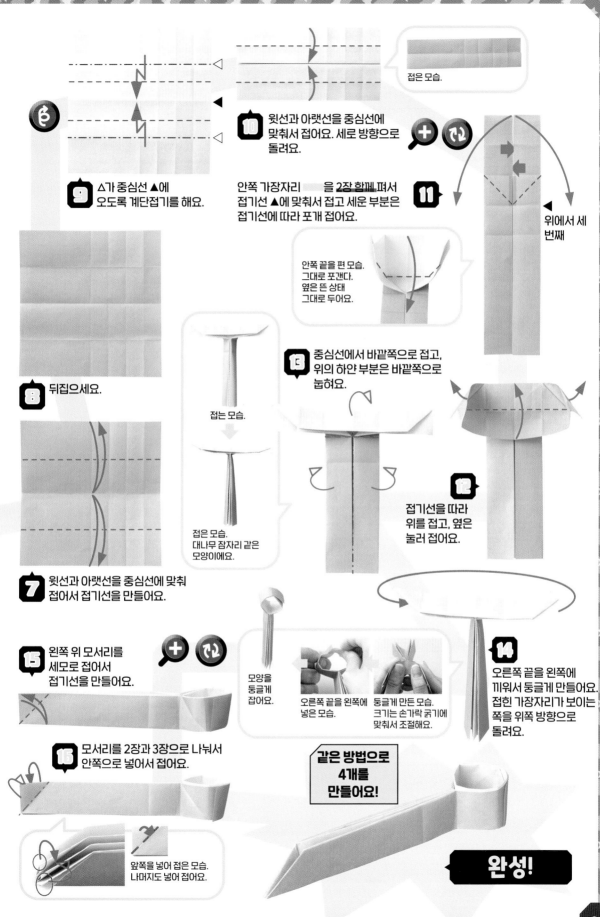

접은 모습.

10 윗선과 아랫선을 중심선에 맞춰서 접어요. 세로 방향으로 돌려요.

9 △가 중심선 ▲에 오도록 계단접기를 해요.

안쪽 가장자리 ■■을 2장 함께 펴서 접기선 ▲에 맞춰서 접고 세운 부분은 접기선에 따라 포개 접어요.

11 위에서 세 번째

안쪽 끝을 편 모습. 그대로 포갠다. 옆은 뜬 상태 그대로 두어요.

8 뒤집으세요.

13 중심선에서 바깥쪽으로 접고, 위의 하얀 부분은 바깥쪽으로 눕혀요.

접는 모습.

접은 모습. 대나무 잠자리 같은 모양이에요.

12 접기선을 따라 위를 접고, 옆은 눌러 접어요.

7 윗선과 아랫선을 중심선에 맞춰 접어서 접기선을 만들어요.

15 왼쪽 위 모서리를 세모로 접어서 접기선을 만들어요.

모양을 둥글게 접어요.

오른쪽 끝을 왼쪽에 넣은 모습.

둥글게 만든 모습. 크기는 손가락 굵기에 맞춰서 조절해요.

14 오른쪽 끝을 왼쪽에 끼워서 둥글게 만들어요. 접힌 가장자리가 보이는 쪽을 위쪽 방향으로 돌려요.

16 모서리를 2장과 3장으로 나눠서 안쪽으로 넣어서 접어요.

같은 방법으로 4개를 만들어요!

앞쪽을 넣어 접은 모습. 나머지도 넣어 접어요.

완성!

검으로 변신하는 칼과 몸을 지키는 방패를
만들어 볼게요. 진검처럼 멋진 작품이
완성된답니다.

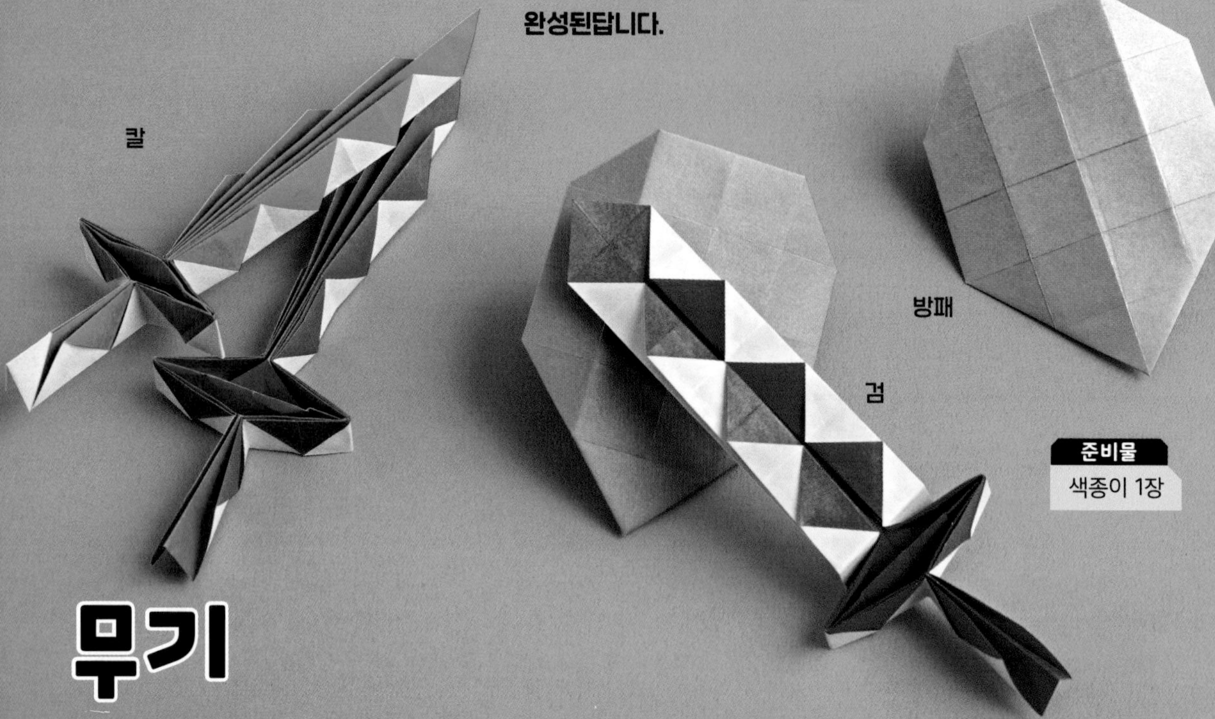

칼

방패

검

준비물
색종이 1장

무기

칼

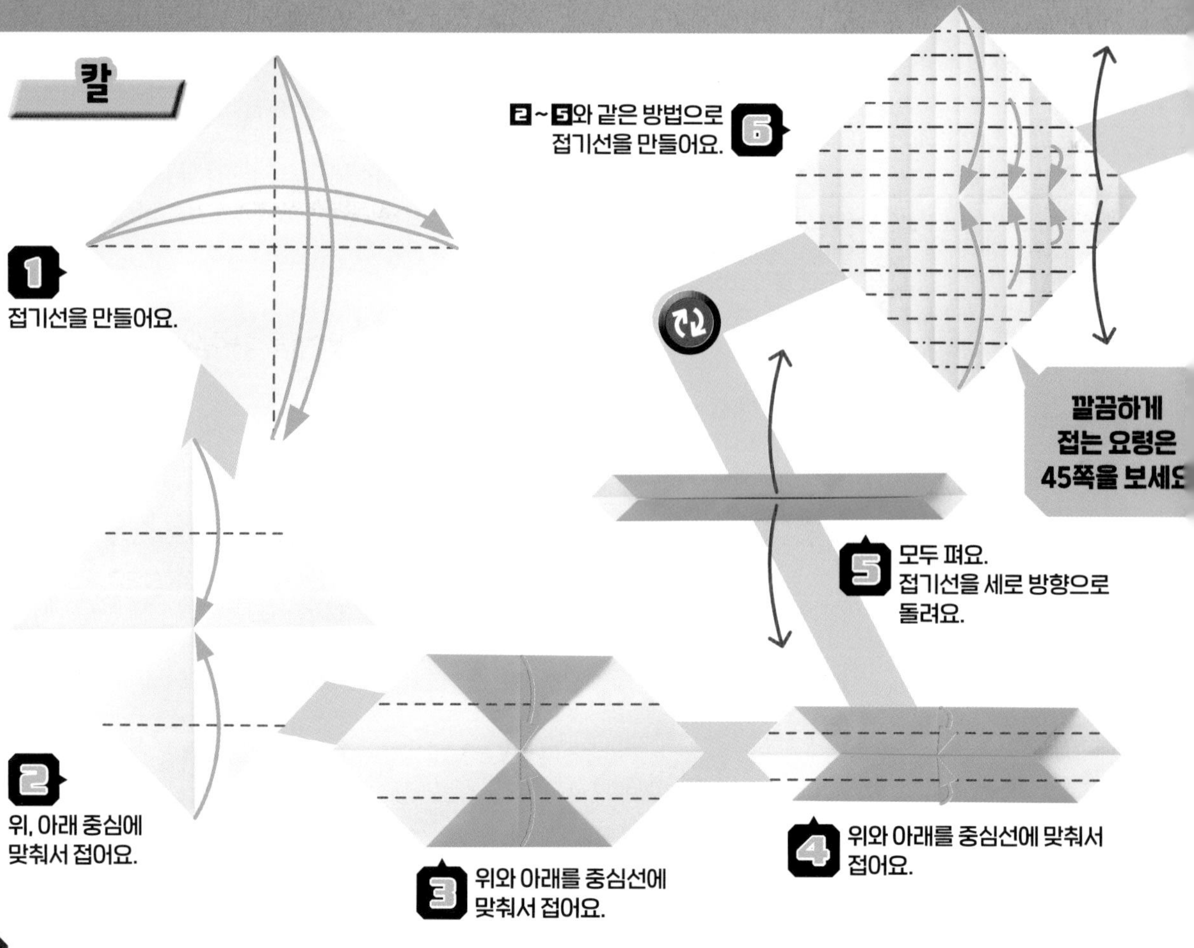

1 접기선을 만들어요.

2 위, 아래 중심에
맞춰서 접어요.

3 위와 아래를 중심선에
맞춰서 접어요.

4 위와 아래를 중심선에 맞춰서
접어요.

5 모두 펴요.
접기선을 세로 방향으로
돌려요.

6 **2~5**와 같은 방법으로
접기선을 만들어요.

깔끔하게
접는 요령은
45쪽을 보세요

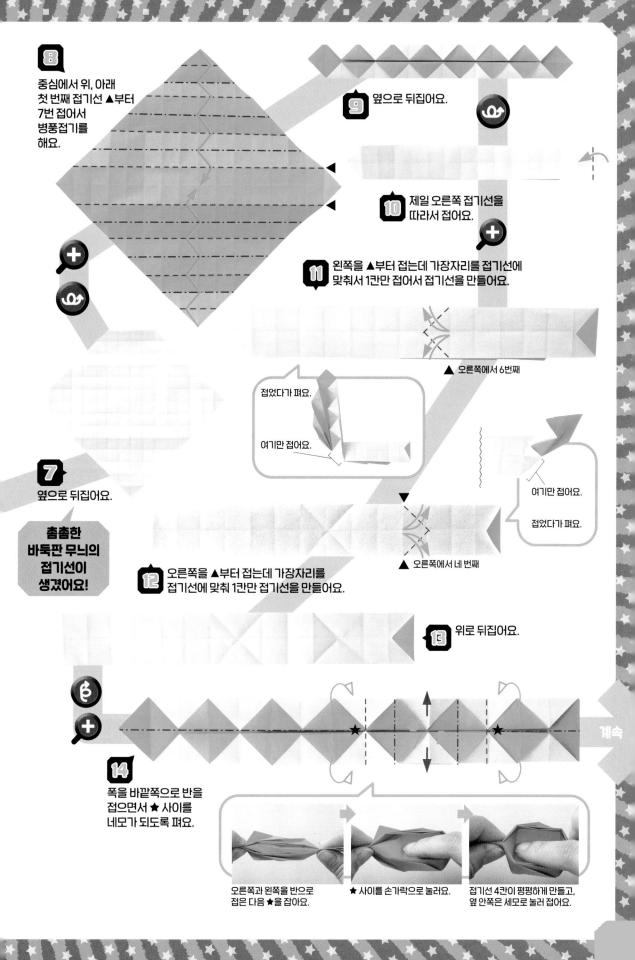

8 중심에서 위, 아래 첫 번째 접기선 ▲부터 7번 접어서 병풍접기를 해요.

9 옆으로 뒤집어요.

10 제일 오른쪽 접기선을 따라서 접어요.

11 왼쪽을 ▲부터 접는데 가장자리를 접기선에 맞춰서 1칸만 접어서 접기선을 만들어요.

▲ 오른쪽에서 6번째

접었다가 펴요.

여기만 접어요.

여기만 접어요.

접었다가 펴요.

▲ 오른쪽에서 네 번째

7 옆으로 뒤집어요.

촘촘한 바둑판 무늬의 접기선이 생겼어요!

12 오른쪽을 ▲부터 접는데 가장자리를 접기선에 맞춰 1칸만 접기선을 만들어요.

13 위로 뒤집어요.

계속

14 폭을 바깥쪽으로 반을 접으면서 ★ 사이를 네모가 되도록 펴요.

오른쪽과 왼쪽을 반으로 접은 다음 ★을 잡아요.

★ 사이를 손가락으로 눌러요.

접기선 4칸이 평평하게 만들고, 옆 안쪽은 세모로 눌러 접어요.

검

칼을 변신시켜 봐요!

1 칼을 뒤쪽부터 펴서 손잡이 부분을 앞쪽으로 세워요.

세우는 모습.

2 펼친 부분을 점선을 따라서 접은 다음 손잡이 부분을 눕혀요.

방패

1 반을 접어서 접기선을 만들어요.

2 중심선에 맞춰서 접어요.

3 양끝을 중심선에 맞춰서 접어요.

검 완성!

칼 완성!

이어서

15 눌러 접은 네모의 중심을 접기선을 따라 앞쪽으로 접는데 ★을 맞춰서 눌러 접어요.

아래쪽에서 손가락으로 누르면서 네모의 중심을 산접기해요. 오른쪽을 펴면 접기 편해요.

산접기한 다음 왼쪽과 같은 방법으로 오른쪽도 포개 접어요.

★ 부분을 눌러서 접어요.

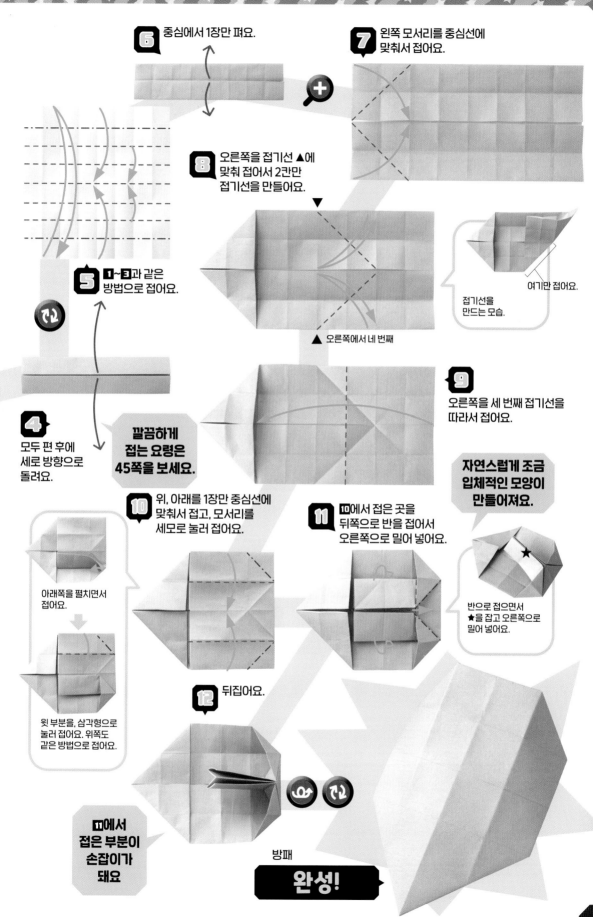

6 중심에서 1장만 펴요.

7 왼쪽 모서리를 중심선에 맞춰서 접어요.

8 오른쪽을 접기선 ▲에 맞춰 접어서 2칸만 접기선을 만들어요.

여기만 접어요.

접기선을 만드는 모습.

▲ 오른쪽에서 네 번째

5 **1~3**과 같은 방법으로 접어요.

4 모두 편 후에 세로 방향으로 돌려요.

깔끔하게 접는 요령은 45쪽을 보세요.

9 오른쪽을 세 번째 접기선을 따라서 접어요.

자연스럽게 조금 입체적인 모양이 만들어져요.

10 위, 아래를 1장만 중심선에 맞춰서 접고, 모서리를 세모로 눌러 접어요.

아래쪽을 펼치면서 접어요.

윗부분을, 삼각형으로 눌러 접어요. 위쪽도 같은 방법으로 접어요.

11 **10**에서 접은 곳을 뒤쪽으로 반을 접어서 오른쪽으로 밀어 넣어요.

반으로 접으면서 ★을 잡고 오른쪽으로 밀어 넣어요.

12 뒤집어요.

11에서 접은 부분이 손잡이가 돼요

방패

완성!

컴퓨터

모니터 앞에 키보드가 놓여 있는 컴퓨터를
색종이 1장으로 접을 수 있어요. 모니터에 그림을 그리거나
스티커를 붙이면 더 재미있겠지요?

준비물
색종이 1장

1 반을 접어서 접기선을
만들어요.

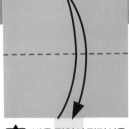

2 아랫선을 중심선에
맞춰서 접어요.

3 아랫선을
중심선에 맞춰서
접어요.

5 접기선을 세로
방향으로 돌려요.

6 반을 접어서 접기선을
만들어요.

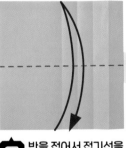

4 모두 펼쳐요.

7 위, 아래를 중심선에
맞춰 접어서 접기선을
만들어요.

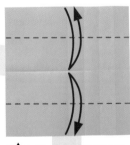

8 위로 뒤집어요.

11 세로의 안쪽 가장자리 █ 을 2장
함께 펴서 접기선 ▲에 맞춰서 접고,
세워진 부분은 접기선을 따라
접어서 포개요.

안쪽 가장자리를
편 모습. 그대로
접어서 포개요.

12 옆의 안쪽 가장자리를
펴면서 제일 위쪽
접기선을 따라 접은 다음
옆쪽은 눌러 접어요.

안쪽 가장자리를 편 모습.
그대로 위의 접기선을 따라
접어요.

13 아래 모서리를 접기선에
맞춰서 세모로 접어요.

14 오른쪽, 왼쪽의 1번째
접기선을 따라 접어요.

15 앞쪽의 2장만 위로 펴요.
방향을 돌려요.

펼친 모습.

▲
위에서 두
번째

접은 모습.

16 가장자리선 █ 을 2장 함께
펴서 ▲에 맞춰서 접고, 뜬 부분은
눌러 접어요.

모니터

접기선에 맞춰서
접은 모습. 그대로
아래에 눌러
접어요.

17 아랫 부분보다 조금 위의 점선을
따라서 접어요. 위로 뒤집어요.

접은 모습.

10 위와 아래를 중심선에 맞춰서
접어요. 세로 방향으로 돌려요.

18 오른쪽과 왼쪽을 세워서
모니터를 세우고 모양을
잡아요.

완성!

모니터를
세우는 모습.

9 접기선 △가 중심선 ▲에 오도록
맞춰서 계단접기를 해요.

준비물
색종이 1장

드론

리모컨으로 조종해서 물건을 나르거나 카메라를
달아서 촬영할 수 있는 드론이에요. 프로펠러가 4개 달린
종이접기 드론을 만들어 볼게요. 접는 법은 쉬운 방법과
어렵지만 작품이 더 멋진 방법 두 가지를 소개할 거예요.

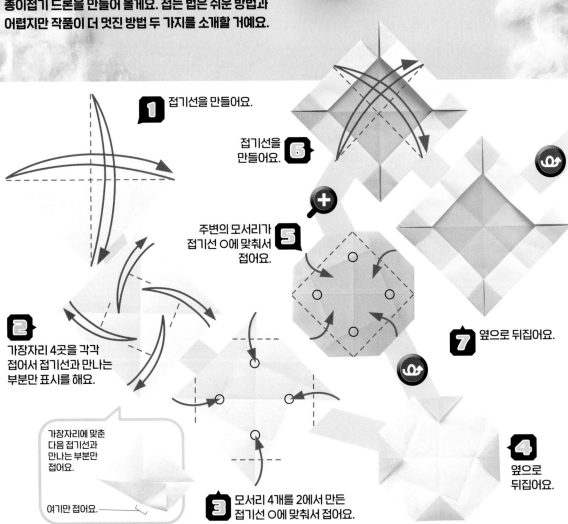

1 접기선을 만들어요.

6 접기선을 만들어요.

5 주변의 모서리가 접기선 O에 맞춰서 접어요.

2 가장자리 4곳을 각각 접어서 접기선과 만나는 부분만 표시를 해요.

가장자리에 맞춘 다음 접기선과 만나는 부분만 접어요.

여기만 접어요.

3 모서리 4개를 2에서 만든 접기선 O에 맞춰서 접어요.

7 옆으로 뒤집어요.

4 옆으로 뒤집어요.

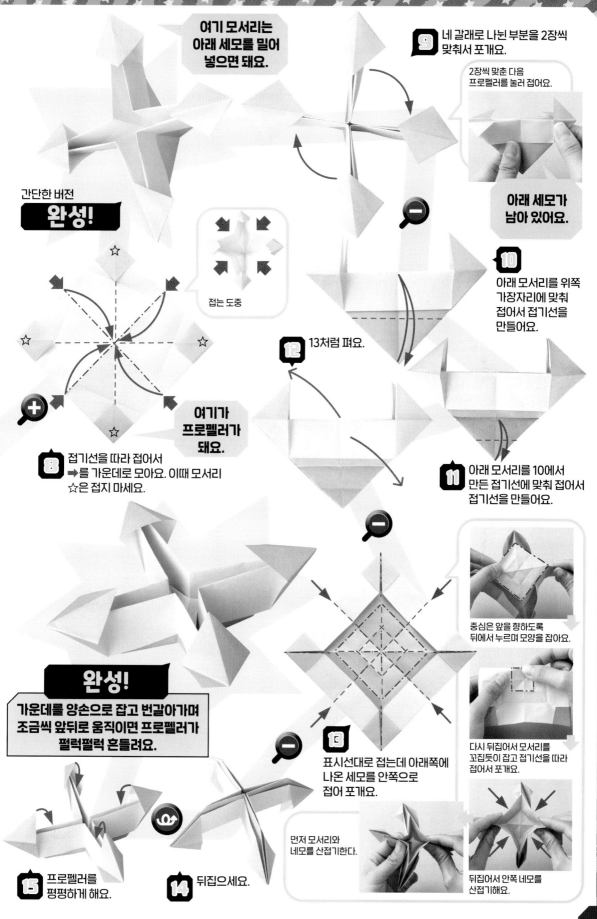

여기 모서리는 아래 세모를 밀어 넣으면 돼요.

9 네 갈래로 나뉜 부분을 2장씩 맞춰서 포개요.

2장씩 맞춘 다음 프로펠러를 눌러 접어요.

간단한 버전
완성!

접는 도중

아래 세모가 남아 있어요.

10 아래 모서리를 위쪽 가장자리에 맞춰 접어서 접기선을 만들어요.

12 13처럼 펴요.

여기가 프로펠러가 돼요.

8 접기선을 따라 접어서 ➡를 가운데로 모아요. 이때 모서리 ☆은 접지 마세요.

11 아래 모서리를 10에서 만든 접기선에 맞춰 접어서 접기선을 만들어요.

중심은 앞을 향하도록 뒤에서 누르며 모양을 잡아요.

완성!
가운데를 양손으로 잡고 번갈아가며 조금씩 앞뒤로 움직이면 프로펠러가 펄럭펄럭 흔들려요.

13 표시선대로 접는데 아래쪽에 나온 세모를 안쪽으로 접어 포개요.

다시 뒤집어서 모서리를 꼬집듯이 잡고 접기선을 따라 접어서 포개요.

먼저 모서리와 네모를 산접기한다.

15 프로펠러를 평평하게 해요.

14 뒤집으세요.

뒤집어서 안쪽 네모를 산접기해요.

29

찰칵찰칵 카메라

진짜 카메라 같은 모양으로 만들었어요.
안에 그림을 그려 넣어도 좋겠지요.

준비물
색종이 1장

놀이법

옆을 잡고 당기면 셔터가 내려온 것처럼 렌즈가 닫혀요.
다시 바로 되돌리면 원래 모양으로 돌아와요.

3 위, 아래를 중심에 맞춰 접어서
접기선을 만들어요.

6 위, 아래에 생긴
세모를 위는 앞으로,
아래는 뒤로 접어요.

아래로
삐져나오지 않도록
바싹 뒤로
접어야 한다.

1 접기선을
만들어요.

2 옆으로
뒤집어요.

4 옆으로
뒤집어요.

5 위, 아래 접기선 △가 중심선
▲에 오도록 계단접기를 해요.

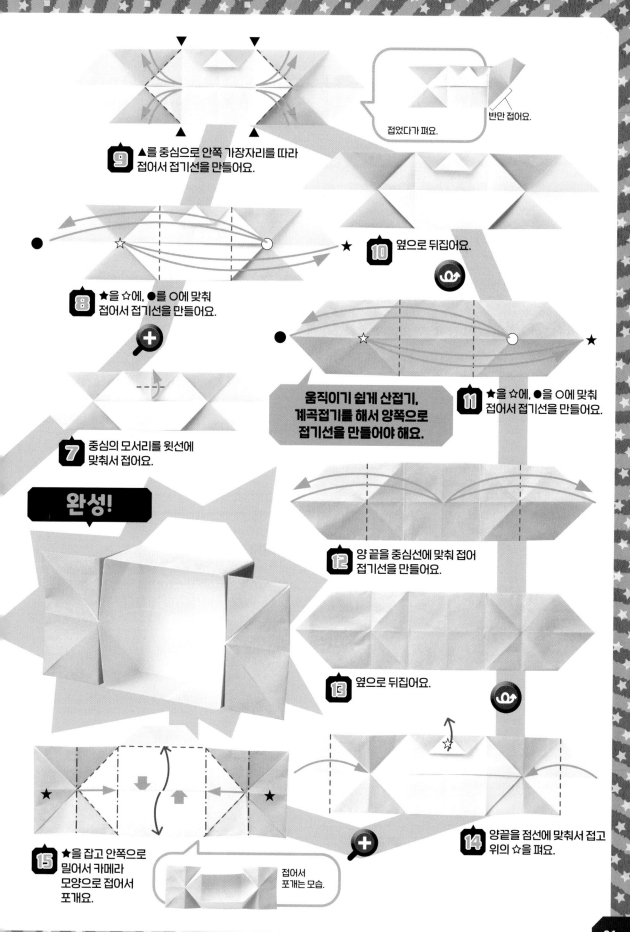

접었다가 펴요.

반만 접어요.

9 ▲를 중심으로 안쪽 가장자리를 따라 접어서 접기선을 만들어요.

10 옆으로 뒤집어요.

8 ★을 ☆에, ●를 ○에 맞춰 접어서 접기선을 만들어요.

11 ★을 ☆에, ●을 ○에 맞춰 접어서 접기선을 만들어요.

움직이기 쉽게 산접기, 계곡접기를 해서 양쪽으로 접기선을 만들어야 해요.

7 중심의 모서리를 윗선에 맞춰서 접어요.

완성!

12 양 끝을 중심선에 맞춰 접어 접기선을 만들어요.

13 옆으로 뒤집어요.

15 ★을 잡고 안쪽으로 밀어서 카메라 모양으로 접어서 포개요.

접어서 포개는 모습.

14 양끝을 점선에 맞춰서 접고 위의 ☆을 펴요.

조금 어려움

순간 이동 게임

본체를 밀었다가 당기면 종이공이
순식간에 이곳저곳으로 옮겨 다녀요.
얼마 만에 순간 이동에 성공할지 한번
도전해 볼까요?

준비물
●본체
색종이 1장
●공
색종이 조각

놀이법

본체에 공을 넣고 옆을 잡은 다음 재빨리 옆으로 잡아당겨요.

2 왼쪽을 중심선에 맞춰
접어서 접기선을 만들어요.

옆으로 **6**
뒤집어요.

1
접기선을
만들어요.

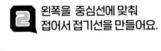

아래를 접은 모습. 가운데 뜬
부분은 세모로 눌러 접어요.

3
오른쪽을 중심선에
맞춰 접어서 접기선을
만들어요.

만들어진 세모를 왼쪽과
오른쪽으로 접은 다음
한쪽으로 눕혀요.

4
2와 **3**에서 만든
접기선이 서로
만나는 점에 위,
아래 모서리를
맞춰서 접어요.

5
2~3의 접기선을
사용해서 표시선대로
접고 포개요.

눕힌 모습. 위쪽도 같은
방법으로 접어요.

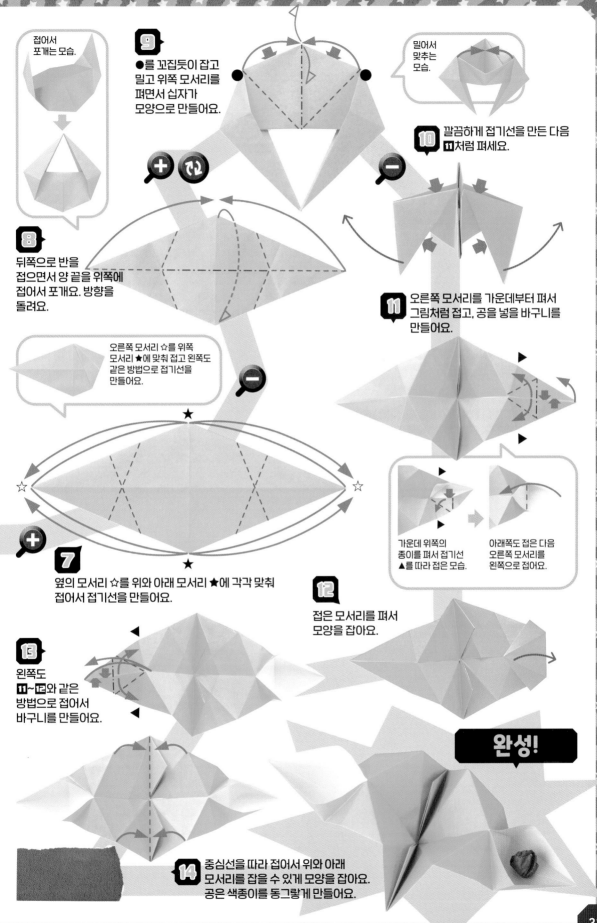

접어서
포개는 모습.

9 ●를 꼬집듯이 잡고
밀고 위쪽 모서리를
펴면서 십자가
모양으로 만들어요.

밀어서
맞추는
모습.

10 깔끔하게 접기선을 만든 다음
11처럼 펴세요.

8 뒤쪽으로 반을
접으면서 양 끝을 위쪽에
접어서 포개요. 방향을
돌려요.

오른쪽 모서리 ☆를 위쪽
모서리 ★에 맞춰 접고 왼쪽도
같은 방법으로 접기선을
만들어요.

11 오른쪽 모서리를 가운데부터 펴서
그림처럼 접고, 공을 넣을 바구니를
만들어요.

★

☆   ☆

★

7 옆의 모서리 ☆를 위와 아래 모서리 ★에 각각 맞춰
접어서 접기선을 만들어요.

가운데 위쪽의
종이를 펴서 접기선
▲를 따라 접은 모습.

아래쪽도 접은 다음
오른쪽 모서리를
왼쪽으로 접어요.

12 접은 모서리를 펴서
모양을 잡아요.

13 왼쪽도
11~**12**와 같은
방법으로 접어서
바구니를 만들어요.

완성!

14 중심선을 따라 접어서 위와 아래
모서리를 잡을 수 있게 모양을 잡아요.
공은 색종이를 동그랗게 만들어요.

데굴데굴
톱니바퀴

톱니바퀴 가장자리를 손가락으로 위로 튕기면 데굴데굴 구르면서 원래대로 돌아와요. 재미있게 움직이는 장난감이니까 꼭 만들어 보세요.

준비물
색종이 1장
(15센티미터가 만들기 쉽고 잘 움직여요.)

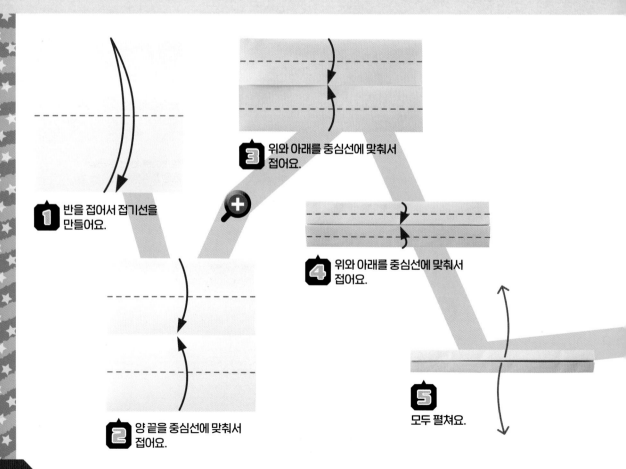

1 반을 접어서 접기선을 만들어요.

2 양 끝을 중심선에 맞춰서 접어요.

3 위와 아래를 중심선에 맞춰서 접어요.

4 위와 아래를 중심선에 맞춰서 접어요.

5 모두 펼쳐요.

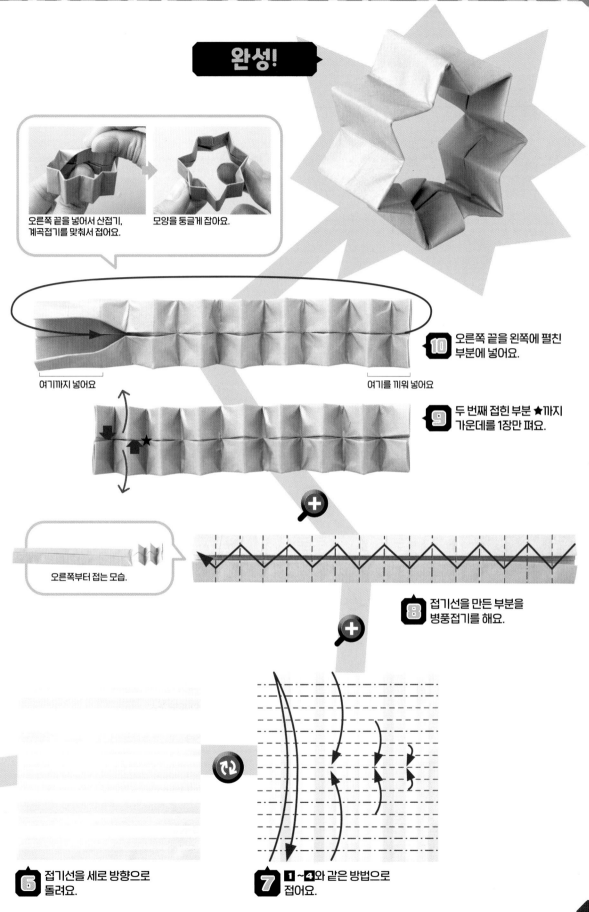

완성!

오른쪽 끝을 넣어서 산접기, 계곡접기를 맞춰서 접어요.

모양을 둥글게 잡아요.

10 오른쪽 끝을 왼쪽에 펼친 부분에 넣어요.

여기까지 넣어요

여기를 끼워 넣어요

9 두 번째 접힌 부분 ★까지 가운데를 1장만 펴요.

오른쪽부터 접는 모습.

8 접기선을 만든 부분을 병풍접기를 해요.

6 접기선을 세로 방향으로 돌려요.

7 **1**~**4**와 같은 방법으로 접어요.

운명의 룰렛

화살표가 빙글빙글 도는 룰렛이에요. 다 함께 빙 둘러앉아서 가운데에서 돌리면 누구를 가리킬지 두근두근 설레네요.

준비물
색종이 1장

놀이법

앞쪽에 세운 부분을 가볍게 잡고 힘차게 한 방향으로 돌리세요.

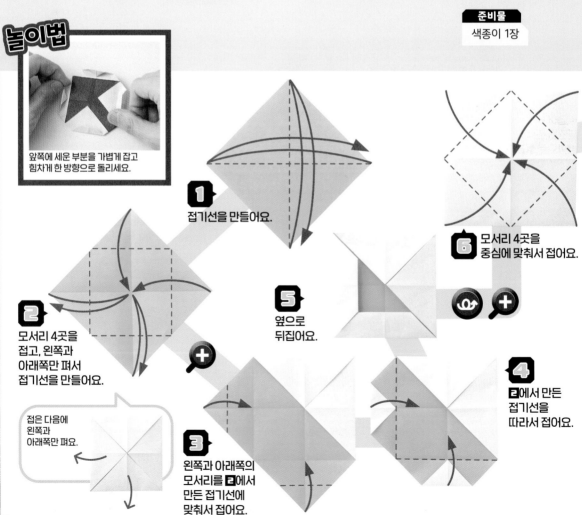

1 접기선을 만들어요.

6 모서리 4곳을 중심에 맞춰서 접어요.

2 모서리 4곳을 접고, 왼쪽과 아래쪽만 펴서 접기선을 만들어요.

5 옆으로 뒤집어요.

4 2에서 만든 접기선을 따라서 접어요.

접은 다음에 왼쪽과 아래쪽만 펴요.

3 왼쪽과 아래쪽의 모서리를 2에서 만든 접기선에 맞춰서 접어요.

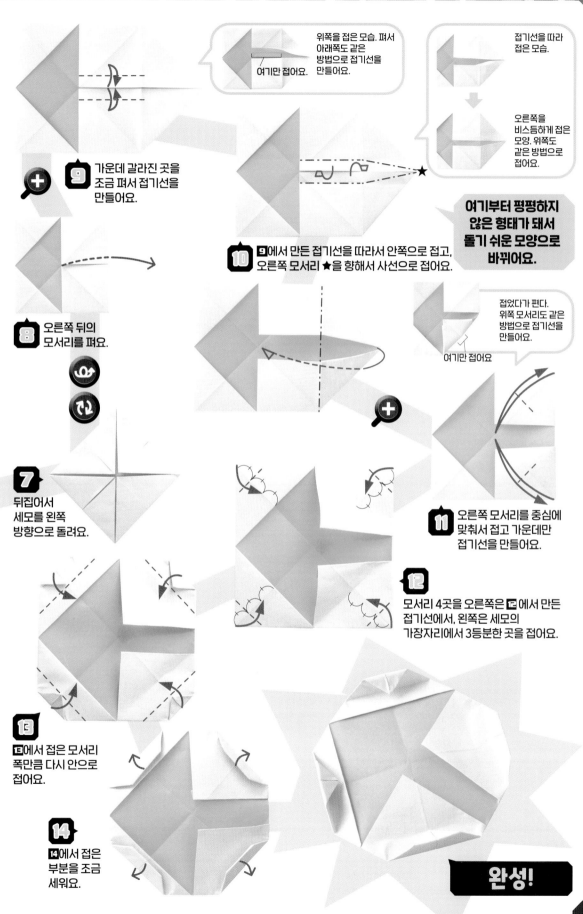

위쪽을 접은 모습. 펴서 아래쪽도 같은 방법으로 접기선을 만들어요.

여기만 접어요.

접기선을 따라 접은 모습.

오른쪽을 비스듬하게 접은 모양. 위쪽도 같은 방법으로 접어요.

9 가운데 갈라진 곳을 조금 펴서 접기선을 만들어요.

여기부터 평평하지 않은 형태가 돼서 돌기 쉬운 모양으로 바뀌어요.

10 **9**에서 만든 접기선을 따라서 안쪽으로 접고, 오른쪽 모서리 ★을 향해서 사선으로 접어요.

접었다가 편다. 위쪽 모서리도 같은 방법으로 접기선을 만들어요.

여기만 접어요

8 오른쪽 뒤의 모서리를 펴요.

11 오른쪽 모서리를 중심에 맞춰서 접고 가운데만 접기선을 만들어요.

7 뒤집어서 세모를 왼쪽 방향으로 돌려요.

12 모서리 4곳을 오른쪽은 **11**에서 만든 접기선에서, 왼쪽은 세모의 가장자리에서 3등분한 곳을 접어요.

13 **12**에서 접은 모서리 폭만큼 다시 안으로 접어요.

14 **14**에서 접은 부분을 조금 세워요.

완성!

조금 어려움

누르면 안 될 것 같은 수상한 버튼이에요.
안에 용수철이 있어서 여러 번 눌러도
제자리로 돌아와요.

준비물
색종이 1장

수상한 버튼

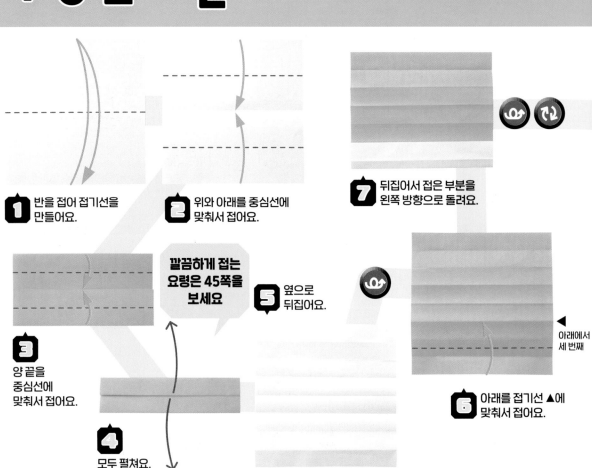

1 반을 접어 접기선을 만들어요.

2 위와 아래를 중심선에 맞춰서 접어요.

7 뒤집어서 접은 부분을 왼쪽 방향으로 돌려요.

3 양 끝을 중심선에 맞춰서 접어요.

깔끔하게 접는 요령은 45쪽을 보세요

5 옆으로 뒤집어요.

4 모두 펼쳐요.

▲ 아래에서 세 번째

6 아래를 접기선 ▲에 맞춰서 접어요.

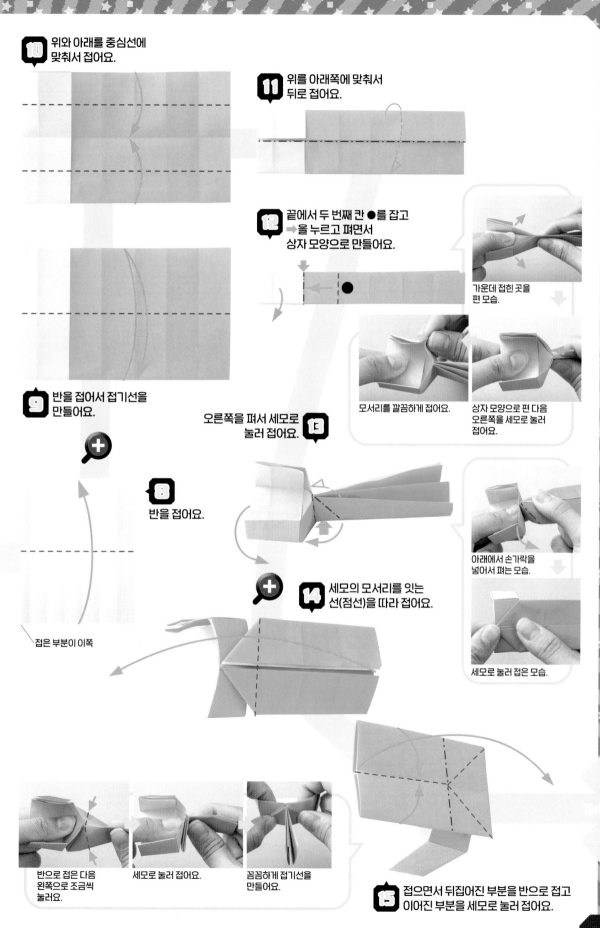

10 위와 아래를 중심선에 맞춰서 접어요.

11 위를 아래쪽에 맞춰서 뒤로 접어요.

12 끝에서 두 번째 칸 ●를 잡고 ➡을 누르고 펴면서 상자 모양으로 만들어요.

가운데 접힌 곳을 편 모습.

모서리를 깔끔하게 접어요.

상자 모양으로 편 다음 오른쪽을 세모로 눌러 접어요.

9 반을 접어서 접기선을 만들어요.

13 오른쪽을 펴서 세모로 눌러 접어요.

아래에서 손가락을 넣어서 펴는 모습.

8 반을 접어요.

접은 부분이 이쪽

14 세모의 모서리를 잇는 선(점선)을 따라 접어요.

세모로 눌러 접은 모습.

반으로 접은 다음 왼쪽으로 조금씩 눌러요.

세모로 눌러 접어요.

꼼꼼하게 접기선을 만들어요.

15 접으면서 뒤집어진 부분을 반으로 접고 이어진 부분을 세모로 눌러 접어요.

완성!

여기가 용수철이 돼요.

22

21 왼쪽을 아래 방향으로 돌려요.

★을 잡고 누르는 도중. 자연스럽게 왼쪽 끝이 벌어져요.

20 ★을 앞쪽과 뒤쪽을 잡고 왼쪽으로 밀어서 용수철 모양을 만들고, 옆으로 뒤집은 부분 ☆을 상자 모양으로 펴요. 오른쪽도 같은 방법으로 접어요.

☆ ☆ ★ ☆ ☆

+

다시 눌러서 깔끔하게 접기선을 만들어요.

다시 오른쪽을 눌러서 상자 모양이 된 부분을 왼쪽 안으로 넣어요.

19 왼쪽은 하얀 부분의 끝을 따라서, 오른쪽은 1칸 접기선을 따라서 뒤로 접어요.

19 위, 아래 접기선을 따라 접어요.

−

17 **18**의 모양이 되도록 펴요.

꼼꼼하게 접힌 자국을 만든 다음에 펴야 한다.

이어서 **16** **15**에서 눌러 접은 부분을 잡고 오른쪽 ➡ 를 누르면서 펴서 **12**와 같은 방법으로 상자 모양을 만들어요.

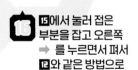

가운데 접힌 부분을 펴는 모습.

상자 모양으로 편 다음 왼쪽은 세로로 눌러 접어요.

모서리를 꼼꼼하게 눌러요.

긴급 레버

준비물
색종이 1장

어떤 긴급 상황에서도 이 레버를 당기면 괜찮아요!
이런 장치를 종이접기로 만들어 볼게요.
당긴 후에 손잡이를 놓으면 다시 제자리로 돌아와요.

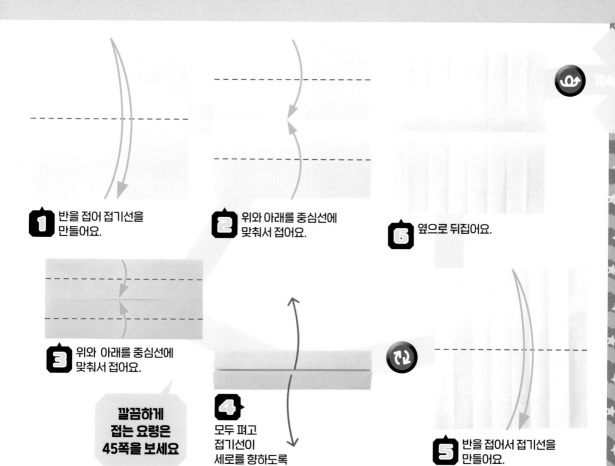

1 반을 접어 접기선을
만들어요.

2 위와 아래를 중심선에
맞춰서 접어요.

6 옆으로 뒤집어요.

3 위와 아래를 중심선에
맞춰서 접어요.

**깔끔하게
접는 요령은
45쪽을 보세요**

4 모두 펴고
접기선이
세로를 향하도록
방향을 돌려요.

5 반을 접어서 접기선을
만들어요.

오른쪽을 ▲에서 접는데
가장자리를 접기선 ▲에 맞춰서
1칸만 접기선을 만들어요.

15

여기만
접어요.

중심

아래 접기선을 만든 모습.
위도 같은 방법으로 접어요.

아래 접기선을
만드는 도중.
위쪽도 같은
방법으로
접어요.

여기만
접어요.

왼쪽에서 1번째 ▼

14 오른쪽에서 1번째
접기선을 따라 접어요.

13 위로 뒤집어요.

➕

이어서

12 왼쪽을 ▲부터 접는데
가장자리를 접기선 ▲에
맞춰서 1칸만 접기선을
만들어요.

7 위와 아래를 중심선에 맞춰
접어서 접기선을 만들어요.

11 모두 펼쳐요.

10 윗선과 아랫선을 중심선에
맞춰서 접어요.

8 옆으로 뒤집어요.

9 위, 아래 접기선 △를 중심선
▲에 맞춰서 계단접기를 해요.

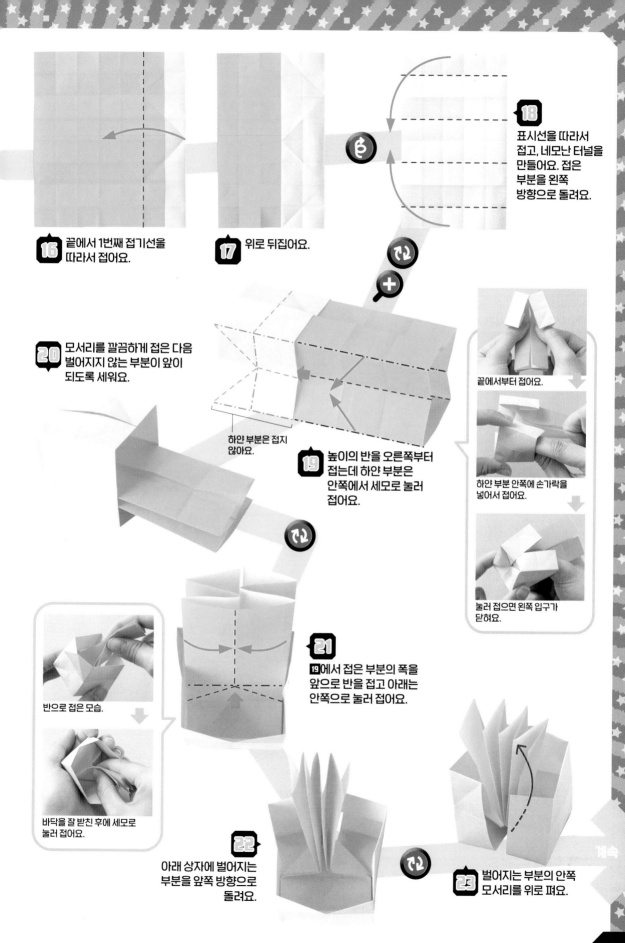

16 끝에서 1번째 접기선을 따라서 접어요.

17 위로 뒤집어요.

18 표시선을 따라서 접고, 네모난 터널을 만들어요. 접은 부분을 왼쪽 방향으로 돌려요.

20 모서리를 깔끔하게 접은 다음 벌어지지 않는 부분이 앞이 되도록 세워요.

하얀 부분은 접지 않아요.

19 높이의 반을 오른쪽부터 접는데 하얀 부분은 안쪽에서 세모로 눌러 접어요.

끝에서부터 접어요.

하얀 부분 안쪽에 손가락을 넣어서 접어요.

눌러 접으면 왼쪽 입구가 닫혀요.

반으로 접은 모습.

바닥을 잘 받친 후에 세모로 눌러 접어요.

21 **19**에서 접은 부분의 폭을 앞으로 반을 접고 아래는 안쪽으로 눌러 접어요.

22 아래 상자에 벌어지는 부분을 앞쪽 방향으로 돌려요.

23 벌어지는 부분의 안쪽 모서리를 위로 펴요.

계속

주름을 편 모습. / 눌러 접어서 끝을 펴는 모습.

28 위에서 두 번째 칸 ★을 잡고 그 위쪽 주름의 두 번째나 세 번째를 세모로 눌러 접고 옆으로 펴요.

누른 채로 모서리를 2번 접어요.

27 뜬 부분을 누른 채로 세모 모서리를 2번 접어 상자 모양으로 만들어요.

22

완성!

25 왼쪽도 **23~24**와 같은 방법으로 접어요.

26 방향을 돌려요.

24 펼친 부분의 가운데 칸을 안쪽으로 눌러 넣으면서 다시 포개서 접어요.

이어서

먼저 앞쪽 모서리를 잡아요. / ○와 ●를 맞춰서 잡아요. / ○ 끝은 감싸듯이 안쪽으로 밀어 넣어요. / 밀어 넣는 모습.

깔끔하게 접는 요령

이 책에서는 접기선을 많이 만든 뒤에 접기선을 따라 접으며 형태를 만드는 작품이 여러 개 있어요.
책에 나온 대로 접어서 만들어도 두 겹, 세 겹 색종이가 겹쳐치면 아무래도 딱 맞지 않는 일도 생기지요.
그럴 때 아래 설명대로 접으면 작품이 어긋나는 일이 줄어드니까 깔끔하게 접고 싶을 때 한번 시도해 보세요.

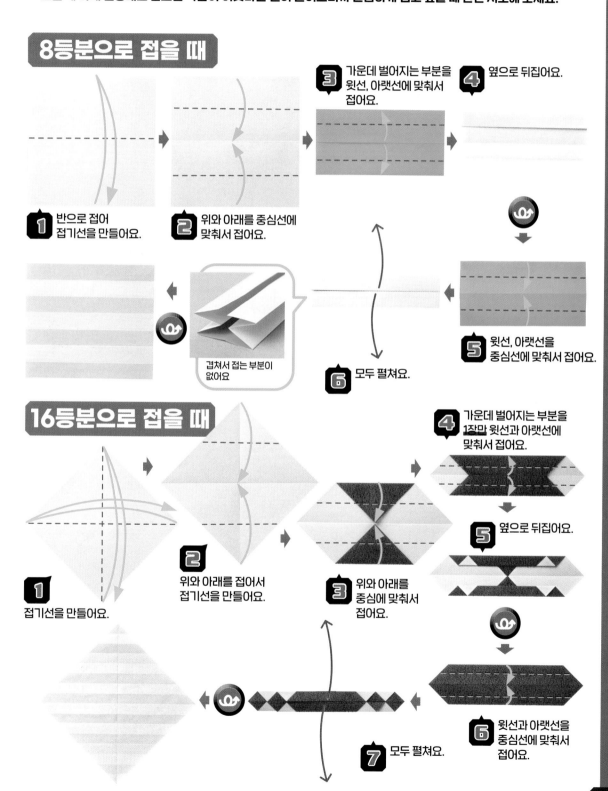

8등분으로 접을 때

1 반으로 접어 접기선을 만들어요.

2 위와 아래를 중심선에 맞춰서 접어요.

3 가운데 벌어지는 부분을 윗선, 아랫선에 맞춰서 접어요.

4 옆으로 뒤집어요.

5 윗선, 아랫선을 중심선에 맞춰서 접어요.

6 모두 펼쳐요.

겹쳐서 접는 부분이 없어요

16등분으로 접을 때

1 접기선을 만들어요.

2 위와 아래를 접어서 접기선을 만들어요.

3 위와 아래를 중심에 맞춰서 접어요.

4 가운데 벌어지는 부분을 1장만 윗선과 아랫선에 맞춰서 접어요.

5 옆으로 뒤집어요.

6 윗선과 아랫선을 중심선에 맞춰서 접어요.

7 모두 펼쳐요.

파트 2 생물

곤충

동물

바다 생물

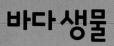

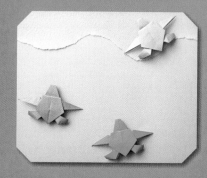

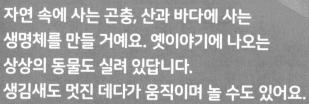

자연 속에 사는 곤충, 산과 바다에 사는
생명체를 만들 거예요. 옛이야기에 나오는
상상의 동물도 실려 있답니다.
생김새도 멋진 데다가 움직이며 놀 수도 있어요.

전설 속 동물

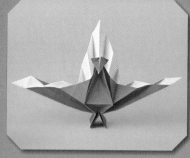

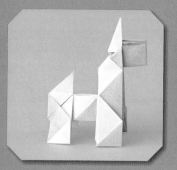

사슴벌레

장수풍뎅이

준비물
● 싹둑싹둑 집게가 멋진 사슴벌레
● 뿔이 멋진 장수풍뎅이
색종이 1장

뿔이 멋진 장수풍뎅이
집게가 멋진 사슴벌레

인기가 많은 곤충 가운데 사슴벌레와 장수풍뎅이를 만들어 볼게요. 사슴벌레는 집게를 접을 수 있고, 장수풍뎅이는 뿔을 움직여서 앞으로 나갈 수 있답니다.

놀이법

사슴벌레는 집게 사이를 손가락으로 누르면 싹둑싹둑 가위처럼 집게를 접어요.

장수풍뎅이 머리를 통통 두드리면 조금씩 앞으로 나가요. 통통 눌러서 움직이게 하면서 놀아 보세요.

집게가 멋진 사슴벌레 와 뿔이 멋진 장수풍뎅이

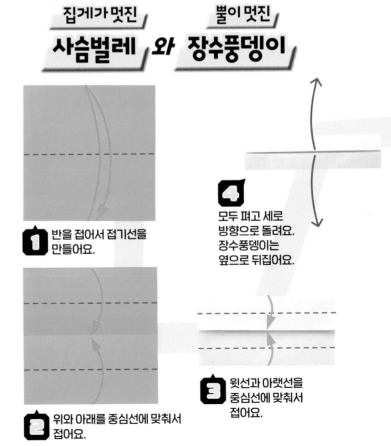

1 반을 접어서 접기선을 만들어요.

2 위와 아래를 중심선에 맞춰서 접어요.

3 윗선과 아랫선을 중심선에 맞춰서 접어요.

4 모두 펴고 세로 방향으로 돌려요. 장수풍뎅이는 옆으로 뒤집어요.

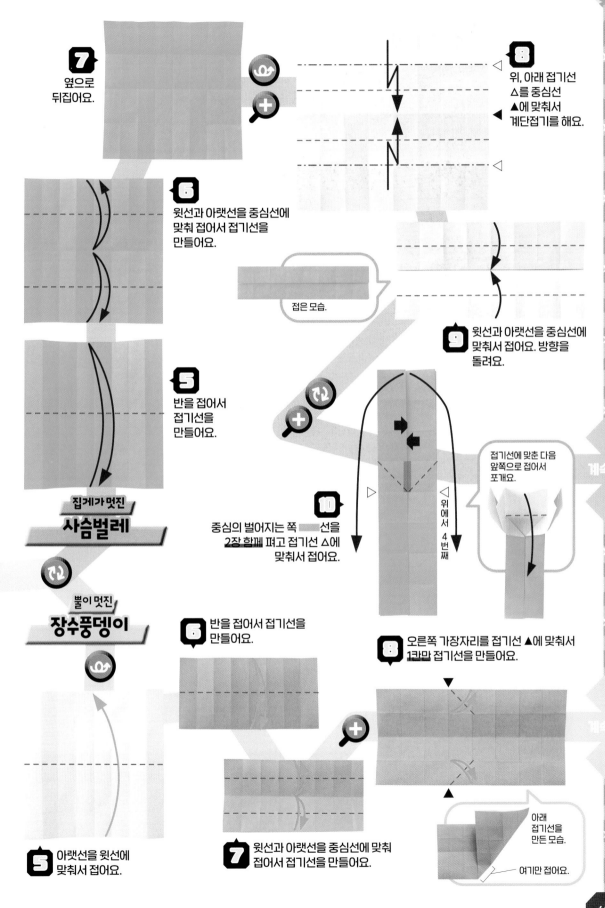

7 옆으로 뒤집어요.

8 위, 아래 접기선 △를 중심선 ▲에 맞춰서 계단접기를 해요.

6 윗선과 아랫선을 중심선에 맞춰 접어서 접기선을 만들어요.

접은 모습.

9 윗선과 아랫선을 중심선에 맞춰서 접어요. 방향을 돌려요.

5 반을 접어서 접기선을 만들어요.

집게가 멋진 **사슴벌레**

10 중심의 벌어지는 쪽 ▦▦ 선을 2장 함께 펴고 접기선 △에 맞춰서 접어요.

위에서 4번째

접기선에 맞춘 다음 앞쪽으로 접어서 포개요.

계속

뿔이 멋진 **장수풍뎅이**

6 반을 접어서 접기선을 만들어요.

8 오른쪽 가장자리를 접기선 ▲에 맞춰서 1칸만 접기선을 만들어요.

계속

5 아랫선을 윗선에 맞춰서 접어요.

7 윗선과 아랫선을 중심선에 맞춰 접어서 접기선을 만들어요.

아래 접기선을 만든 모습.

여기만 접어요.

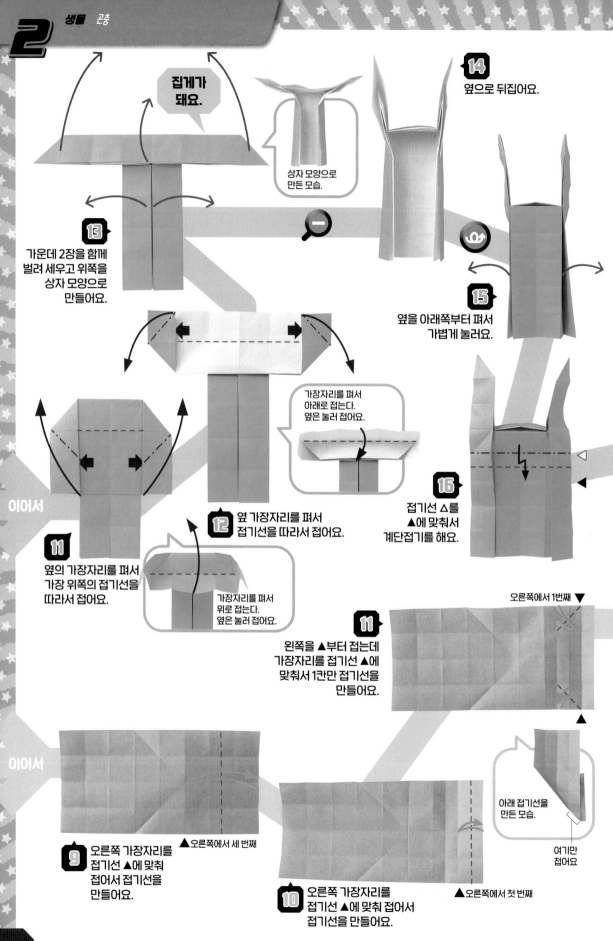

집게가
돼요.

상자 모양으로
만든 모습.

14 옆으로 뒤집어요.

13 가운데 2장을 함께
벌려 세우고 위쪽을
상자 모양으로
만들어요.

15 옆을 아래쪽부터 펴서
가볍게 눌러요.

가장자리를 펴서
아래로 접는다.
옆은 눌러 접어요.

16 접기선 △를
▲에 맞춰서
계단접기를 해요.

12 옆 가장자리를 펴서
접기선을 따라서 접어요.

가장자리를 펴서
위로 접는다.
옆은 눌러 접어요.

11 옆의 가장자리를 펴서
가장 위쪽의 접기선을
따라서 접어요.

이어서

11 왼쪽을 ▲부터 접는데
가장자리를 접기선 ▲에
맞춰서 1칸만 접기선을
만들어요.

오른쪽에서 1번째 ▼

▲

아래 접기선을
만든 모습.

이어서

9 오른쪽 가장자리를
접기선 ▲에 맞춰
접어서 접기선을
만들어요.

▲오른쪽에서 세 번째

10 오른쪽 가장자리를
접기선 ▲에 맞춰 접어서
접기선을 만들어요.

▲오른쪽에서 첫 번째

여기만
접어요

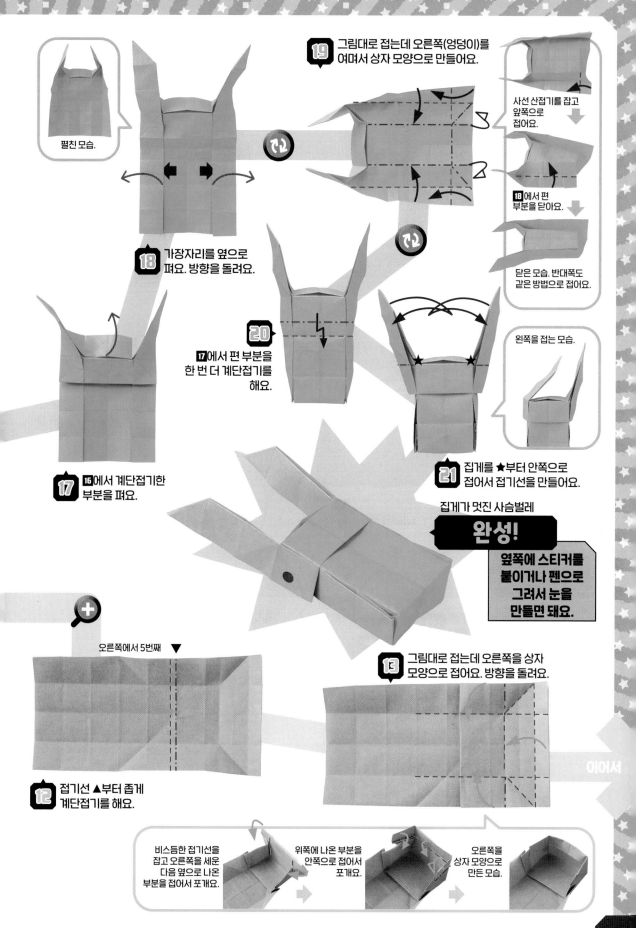

19 그림대로 접는데 오른쪽(엉덩이)를 여며서 상자 모양으로 만들어요.

사선 산접기를 잡고 앞쪽으로 접어요.

18에서 편 부분을 닫아요.

닫은 모습. 반대쪽도 같은 방법으로 접어요.

펼친 모습.

18 가장자리를 옆으로 펴요. 방향을 돌려요.

왼쪽을 접는 모습.

20 **17**에서 편 부분을 한 번 더 계단접기를 해요.

17 **16**에서 계단접기한 부분을 펴요.

21 집게를 ★부터 안쪽으로 접어서 접기선을 만들어요.

집게가 멋진 사슴벌레

완성!

옆쪽에 스티커를 붙이거나 펜으로 그려서 눈을 만들면 돼요.

오른쪽에서 5번째 ▼

13 그림대로 접는데 오른쪽을 상자 모양으로 접어요. 방향을 돌려요.

이어서

12 접기선 ▲부터 좁게 계단접기를 해요.

비스듬한 접기선을 잡고 오른쪽을 세운 다음 옆으로 나온 부분을 접어서 포개요.

위쪽에 나온 부분을 안쪽으로 접어서 포개요.

오른쪽을 상자 모양으로 만든 모습.

21 20에서 만든 접기선을 따라서 모서리를 안으로 밀어 넣고 위쪽 모서리는 옆으로 꺼내요.

22 뿔이 위를 향하게 접어서 접기선을 만들어요.

접은 자국을 만드는 모습.

20 뿔 끝을 세모로 접어서 접기선을 만들어요.

19 뿔을 오른쪽과 왼쪽으로 접어서 접기선을 만들어요.

뿔이 멋진 장수풍뎅이
완성!
눈은 스티커를 붙이거나 펜으로 그려서 만들면 돼요!

18 아래를 반으로 접어 앞을 향하게 하고, 상자와 이어진 부분은 17에서 만든 접기선대로 세모로 접어요.

17 △를 ★에 맞춰 접어서 접기선을 1칸만 만드세요.

접기선을 만드는 모습.

접어서 포갠 모습.

여기만 접어요.

접기선을 만든 모습.

여기가 뿔이에요.

14 그림처럼 접는데 앞쪽을 여며요.

15 세운 부분이 앞쪽을 향하도록 해요.

16 오른쪽과 왼쪽을 중심선에 맞춰서 접어요.

계속

2 보통

곤충 비행기

장수풍뎅이

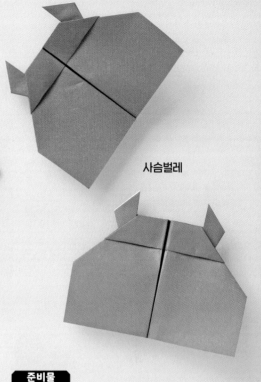
사슴벌레

곤충의 왕 장수풍뎅이와 사슴벌레 모양의
비행기입니다. 비행기를 날릴 때는 넓은 곳에서
주변을 잘 살핀 후에 날리도록 하세요.

준비물
색종이 1장

놀이법

아래를 잡고 날리세요. 주변을 잘 살피면서 놀이 해요.

장수풍뎅이 비행기

6 반을 접어요.

5
뒤집어서
접기선을 세로
방향으로 돌려요.

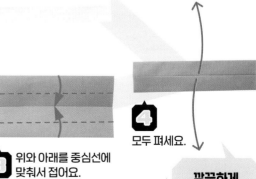

1 반을 접어서 접기선을
만들어요.

4 모두 펴세요.

3 위와 아래를 중심선에
맞춰서 접어요.

2 양 끝을 중심선에
맞춰서 접어요.

**깔끔하게
접는 요령은
45쪽을 보세요.**

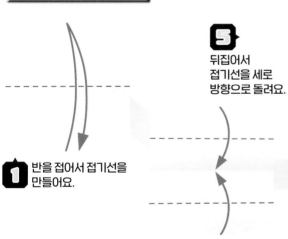

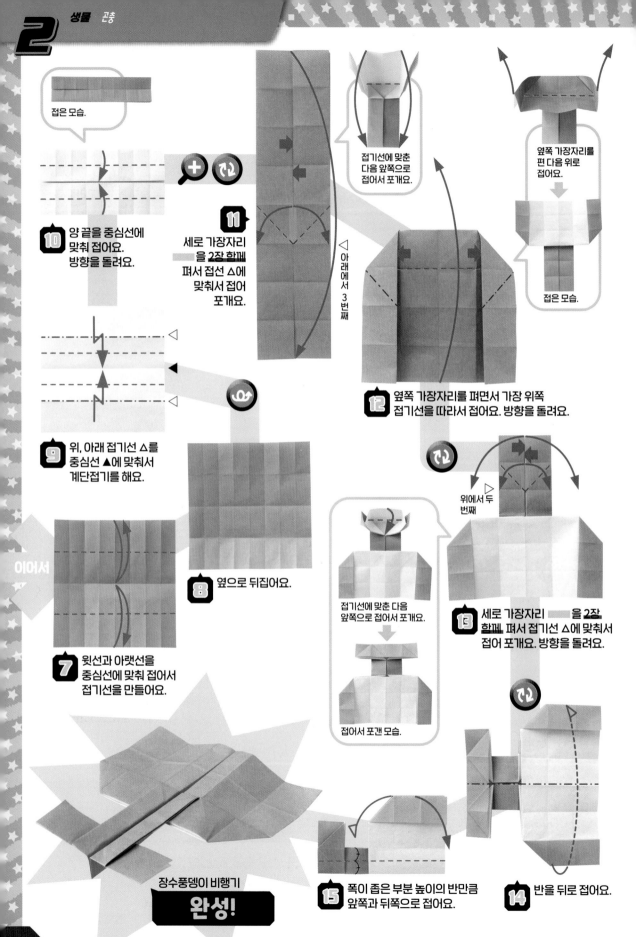

접은 모습.

10 양 끝을 중심선에 맞춰 접어요. 방향을 돌려요.

11 세로 가장자리를 2장 함께 펴서 접선 △에 맞춰서 접어 포개요.

◁ 아래에서 3번째

접기선에 맞춘 다음 앞쪽으로 접어서 포개요.

옆쪽 가장자리를 편 다음 위로 접어요.

접은 모습.

12 옆쪽 가장자리를 펴면서 가장 위쪽 접기선을 따라서 접어요. 방향을 돌려요.

9 위, 아래 접기선 △를 중심선 ▲에 맞춰서 계단접기를 해요.

위에서 두 번째

이어서

8 옆으로 뒤집어요.

접기선에 맞춘 다음 앞쪽으로 접어서 포개요.

13 세로 가장자리를 2장 함께 펴서 접기선 △에 맞춰서 접어 포개요. 방향을 돌려요.

접어서 포갠 모습.

7 윗선과 아랫선을 중심선에 맞춰 접어서 접기선을 만들어요.

장수풍뎅이 비행기
완성!

15 폭이 좁은 부분 높이의 반만큼 앞쪽과 뒤쪽으로 접어요.

14 반을 뒤로 접어요.

사슴벌레 비행기

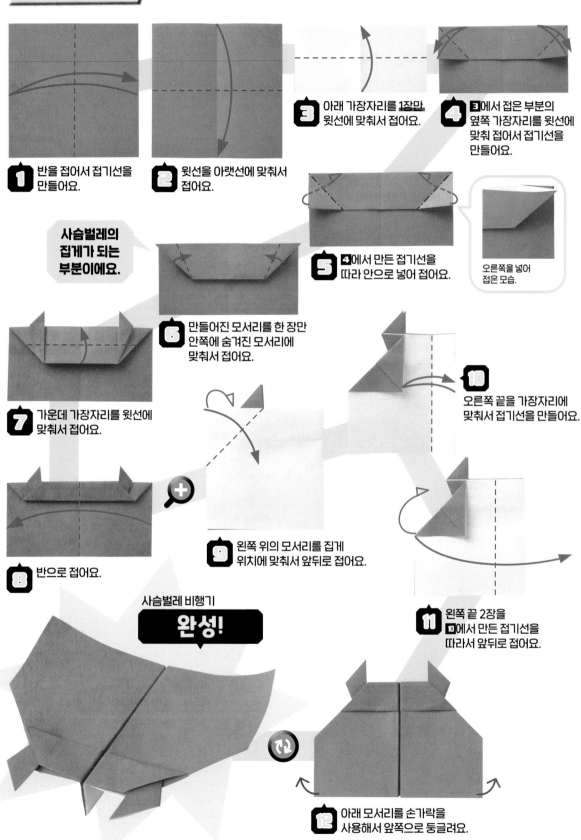

1 반을 접어서 접기선을 만들어요.

2 윗선을 아랫선에 맞춰서 접어요.

3 아래 가장자리를 1장만 윗선에 맞춰서 접어요.

4 ③에서 접은 부분의 옆쪽 가장자리를 윗선에 맞춰 접어서 접기선을 만들어요.

5 ④에서 만든 접기선을 따라 안으로 넣어 접어요.

오른쪽을 넣어 접은 모습.

사슴벌레의 집게가 되는 부분이에요.

6 만들어진 모서리를 한 장만 안쪽에 숨겨진 모서리에 맞춰서 접어요.

7 가운데 가장자리를 윗선에 맞춰서 접어요.

8 반으로 접어요.

9 왼쪽 위의 모서리를 집게 위치에 맞춰서 앞뒤로 접어요.

10 오른쪽 끝을 가장자리에 맞춰서 접기선을 만들어요.

11 왼쪽 끝 2장을 ⑩에서 만든 접기선을 따라서 앞뒤로 접어요.

12 아래 모서리를 손가락을 사용해서 앞쪽으로 둥글려요.

사슴벌레 비행기
완성!

빙그르르 고양이

고양이 엉덩이를 튕기면 빙그르르 힘차게
튀어 올라요. 멋지게 착지할 수 있을까요?

깔끔하게
접는 요령은
45쪽을 보세요.

준비물

마음에 드는 크기의 색종이 1장씩
(15센티미터가 만들기 쉽고 점프력도 좋아요)

1 반을 접어서 접기선을
만들어요.

2 양 끝을 중심선에
맞춰 접어요.

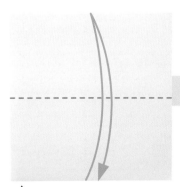

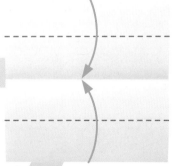

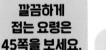

3 위와 아래를 중심선에
맞춰 접어요.

4 모두 펴세요.

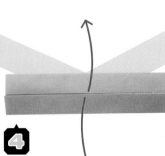

5 접기선을 세로 방향으로
돌려요.

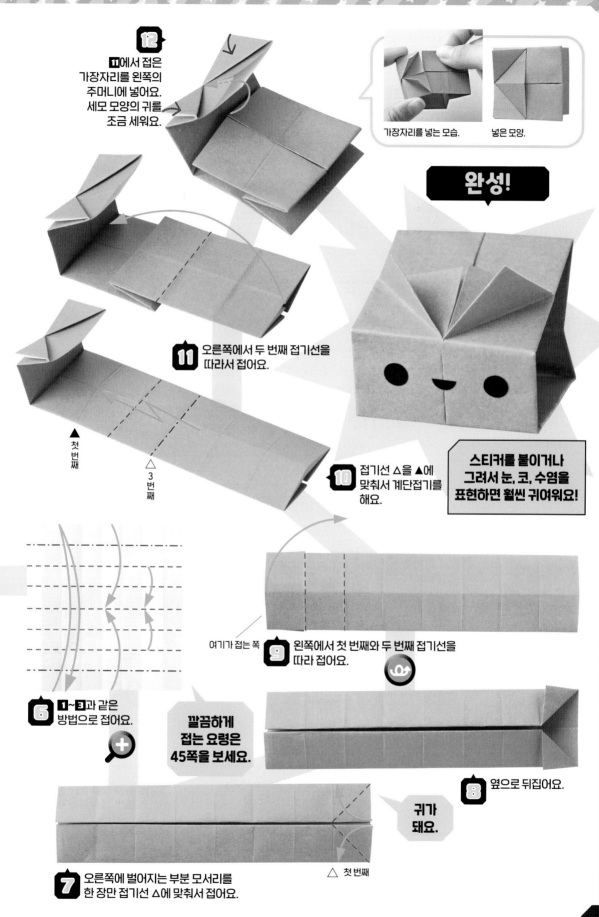

12 **11**에서 접은 가장자리를 왼쪽의 주머니에 넣어요. 세모 모양의 귀를 조금 세워요.

가장자리를 넣는 모습.   넣은 모양.

완성!

11 오른쪽에서 두 번째 접기선을 따라서 접어요.

▲ 첫 번째

△ 3번째

10 접기선 △을 ▲에 맞춰서 계단접기를 해요.

스티커를 붙이거나 그려서 눈, 코, 수염을 표현하면 훨씬 귀여워요!

9 왼쪽에서 첫 번째와 두 번째 접기선을 따라 접어요.

여기가 접는 쪽

6 **1**~**3**과 같은 방법으로 접어요.

깔끔하게 접는 요령은 45쪽을 보세요.

8 옆으로 뒤집어요.

귀가 돼요.

7 오른쪽에 벌어지는 부분 모서리를 한 장만 접기선 △에 맞춰서 접어요.

△ 첫 번째

동물원에서 인기가 많은 판다를 만들 거예요.
색종이 2장으로 머리와 몸통을 만들어서 조립할 거예요.

판다

준비물

마음에 드는 크기의 색종이 2장,
풀이나 테이프

머리·몸통

1

반을 접어요.

2

양 끝을 위 모서리에
맞춰서 접어요.

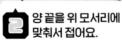

3

2에서 접은
모서리를 아래
모서리에 맞춰서
접어요.

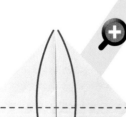

4

3에서 접은 모서리를
옆 모서리에 맞춰서
접어요.

5

4에서 접은 부분의
가장자리를, 집힌 부분에
맞춰 접어서 접기선을
만들어요.

주머니를
편 다음
눌러 접어요.

6

5에서 접은 부분의 주머니를
펴서 만들어 놓은 접기선을
따라 눌러 접어요.

접었다 펴요.

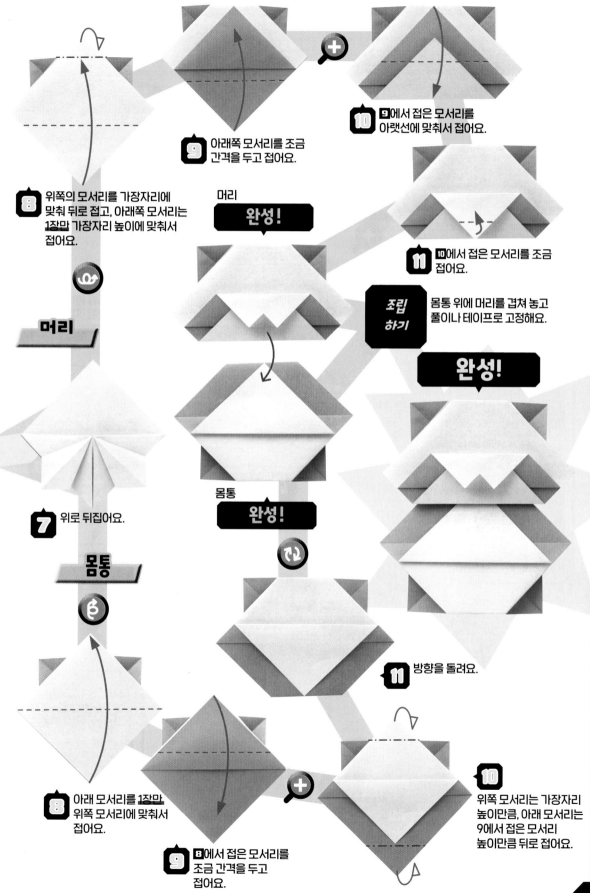

9 아래쪽 모서리를 조금 간격을 두고 접어요.

10 **9**에서 접은 모서리를 아랫선에 맞춰서 접어요.

8 위쪽의 모서리를 가장자리에 맞춰 뒤로 접고, 아래쪽 모서리는 1장만 가장자리 높이에 맞춰서 접어요.

머리

완성!

11 **10**에서 접은 모서리를 조금 접어요.

조립 하기 몸통 위에 머리를 겹쳐 놓고 풀이나 테이프로 고정해요.

완성!

머리

7 위로 뒤집어요.

몸통

몸통

완성!

11 방향을 돌려요.

8 아래 모서리를 1장만 위쪽 모서리에 맞춰서 접어요.

9 **8**에서 접은 모서리를 조금 간격을 두고 접어요.

10 위쪽 모서리는 가장자리 높이만큼, 아래 모서리는 9에서 접은 모서리 높이만큼 뒤로 접어요.

사자

준비물
색종이 1장씩

1
접기선을 만들어요.

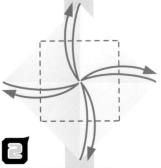

2
모서리 4곳을 중심에 맞춰
접어서 접기선을 만들어요.

얼굴 주변의 갈기가 멋진 사자예요. 스티커나 펜으로
얼굴을 그려서 마무리해요. 귀여운 얼굴과 무서운 얼굴
어느 쪽이 마음에 드나요?

5
2에서 만든
접기선을
따라서 접어요.

**여기가 귀
부분이에요.**

4
위쪽 모서리를 **3**에서 만든
접기선에 맞춰서 접어요.

3
모서리 4곳을 **2**에서 만든
접기선에 맞춰서 접고 위쪽만
펴서 접기선을 만들어요.

8
옆으로
뒤집으세요.

6
옆으로 뒤집어요.

완성!

7
모서리 4곳을 빛에
비쳐서 보이는 안쪽
모서리에 맞춰서
접어요.

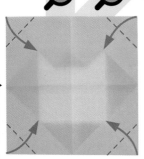

코와 입을 동그라미 스티커로 만들려면···
헛바닥 스티커 ①을 중심보다 아래쪽에 붙이고
그 위에 ②를 2장 나란히 붙이고, 코는 반으로 자른
③을 붙여요. 눈은 동그라미 스티커를 그대로
붙여도 되고 위를 조금 잘라서 붙이면 무서워 보여요.

준비물
색종이 1장씩

조그마한 날개와 부리가 특징인 펭귄이에요.
머리를 꾸벅꾸벅 꾸벅이거나 점프시키며 놀 수 있어요.

꾸벅꾸벅 펭귄

놀이법

꾸벅꾸벅
날개 아래를 두 손으로 잡고 안쪽으로
누르면 머리를 꾸벅하고 숙여요. 고개를
들었다가 숙였다가 하면 수다를 떠는
것처럼 보여요.

점프
뒤쪽의 옆으로 가로지르는 부분을
손가락으로 튕기듯이 누르면 점프! 운이
좋으면 펭귄이 저를 보고 벌떡 서기도 해요.

1 반을 접어
접기선을
만들어요.

2 양 끝을
중심선에 맞춰서
접어요.

3 위와 아래를
중심선에 맞춰서
접어요.

이어서

5 반을 접어서 접기선을
만들어요.

4 모두 펴세요.
접기선을 세로
방향으로
돌려요.

**깔끔하게
접는 요령은
45쪽을 보세요.**

9 옆으로 뒤집어요.

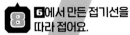

8 ⑥에서 만든 접기선을 따라 접어요.

10 옆쪽 가장자리를 ▲에서 중심 접기선에 맞춰서 접어요.

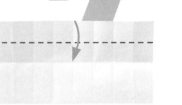

7 윗선과 아랫선을 ⑥에서 만든 접기선에 맞춰서 접어요.

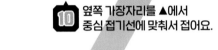

11 점선을 따라서 접어요.

계속

6 양 끝을 중심선에 맞춰 접어서 접기선을 만들어요.

12 중심에서 오른쪽 모서리를 오른쪽에 맞춰서 접어요.

왼쪽은 하얀 배가 되고 오른쪽 세모는 부리가 돼요.

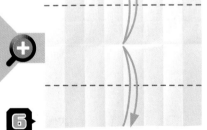

13 위로 뒤집어요.

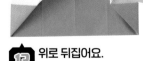

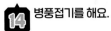

14 병풍접기를 해요.

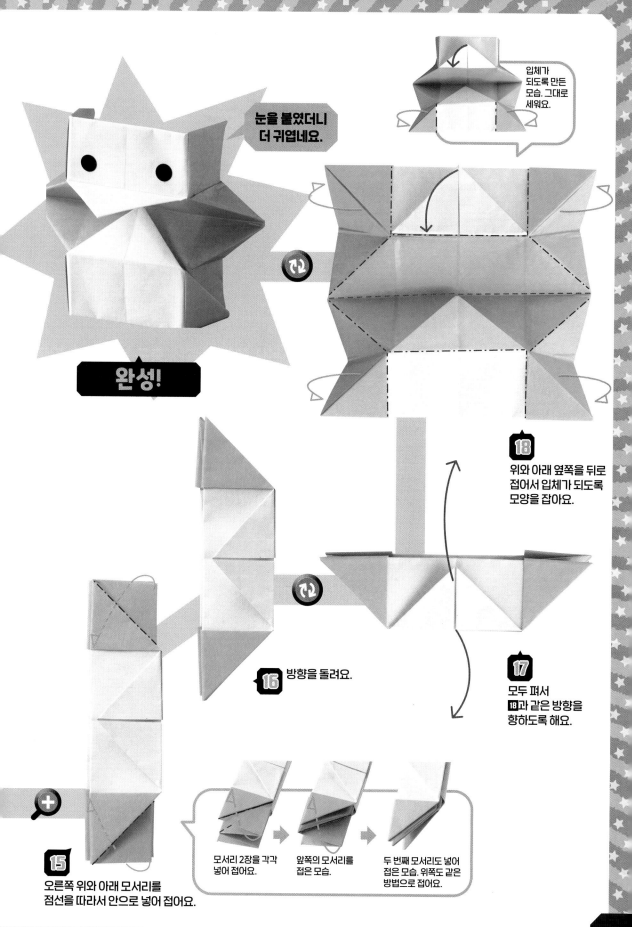

눈을 붙였더니
더 귀엽네요.

입체가
되도록 만든
모습. 그대로
세워요.

완성!

18
위와 아래 옆쪽을 뒤로
접어서 입체가 되도록
모양을 잡아요.

16 방향을 돌려요.

17
모두 펴서
18과 같은 방향을
향하도록 해요.

15
오른쪽 위와 아래 모서리를
점선을 따라서 안으로 넣어 접어요.

모서리 2장을 각각
넣어 접어요.

앞쪽의 모서리를
접은 모습.

두 번째 모서리도 넣어
접은 모습. 위쪽도 같은
방법으로 접어요.

아기 바다거북

모래사장에서 알을 깨고 나오자마자 아장아장
바다를 향해서 나아가는 아기 바다거북이에요.
엉덩이를 누르면 폴짝폴짝 깜찍한 모습으로
뛰어가요.

준비물
색종이 1장

1 반을 접어
접기선을
만들어요.

2 옆으로
뒤집어요.

놀이법

엉덩이를 퉁기듯이 누르면 폴짝폴짝
앞으로 가요.

3 접어서 접기선을 만들어요.

삼각 주머니
접는 모습.

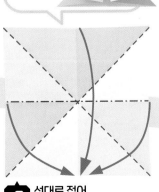

4 선대로 접어
삼각주머니를 만들어요.

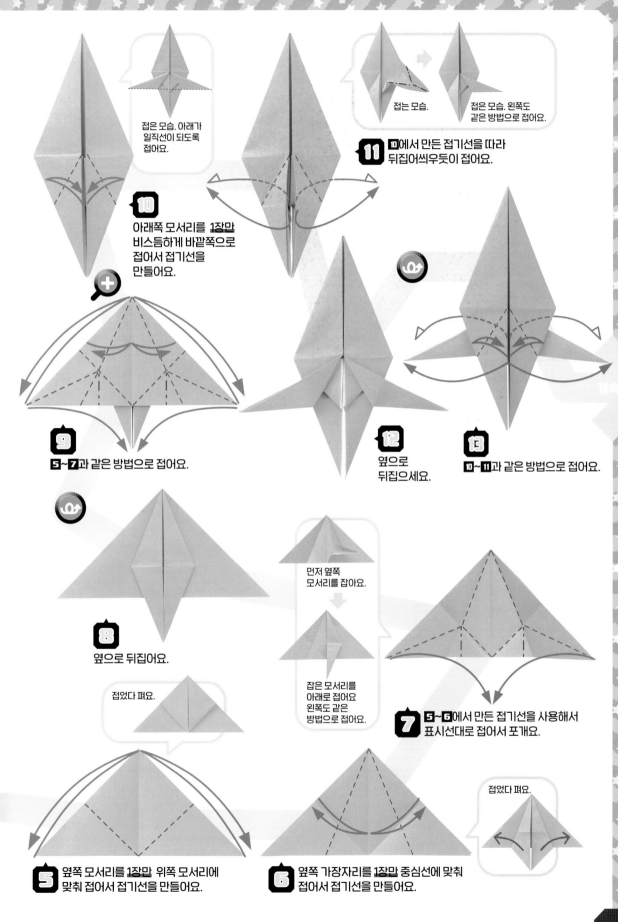

접은 모습. 아래가
일직선이 되도록
접어요.

접는 모습.

접은 모습. 왼쪽도
같은 방법으로 접어요.

11 **10**에서 만든 접기선을 따라
뒤집어씌우듯이 접어요.

10 아래쪽 모서리를 **1장만**
비스듬하게 바깥쪽으로
접어서 접기선을
만들어요.

9 **5~7**과 같은 방법으로 접어요.

12 옆으로
뒤집으세요.

13 **10~11**과 같은 방법으로 접어요.

8 옆으로 뒤집어요.

먼저 옆쪽
모서리를 잡아요.

잡은 모서리를
아래로 접어요
왼쪽도 같은
방법으로 접어요.

접었다 펴요.

7 **5~6**에서 만든 접기선을 사용해서
표시선대로 접어서 포개요.

5 옆쪽 모서리를 **1장만** 위쪽 모서리에
맞춰 접어서 접기선을 만들어요.

6 옆쪽 가장자리를 **1장만** 중심선에 맞춰
접어서 접기선을 만들어요.

접었다 펴요.

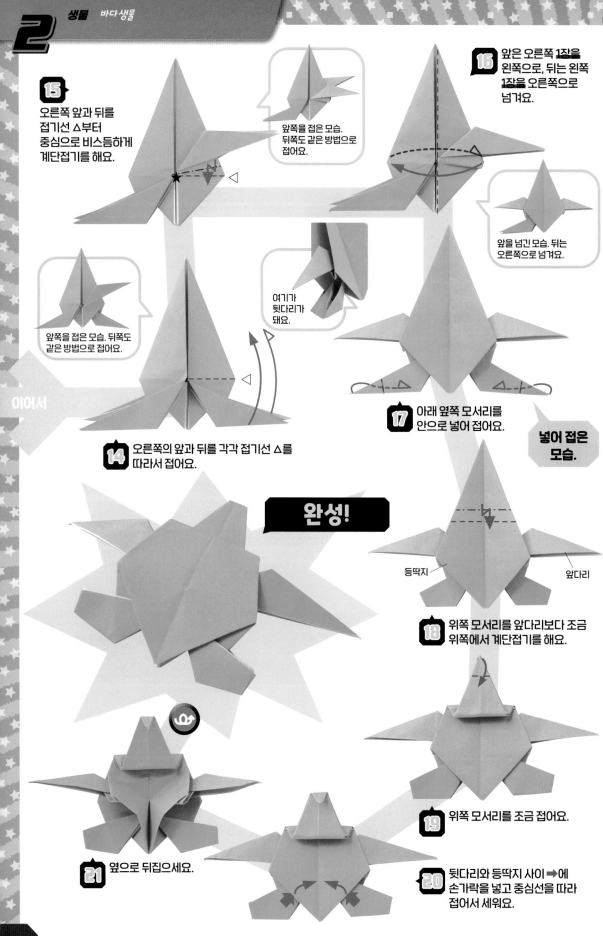

15 오른쪽 앞과 뒤를 접기선 △부터 중심으로 비스듬하게 계단접기를 해요.

앞쪽을 접은 모습. 뒤쪽도 같은 방법으로 접어요.

16 앞은 오른쪽 1장을 왼쪽으로, 뒤는 왼쪽 1장을 오른쪽으로 넘겨요.

앞을 넘긴 모습. 뒤는 오른쪽으로 넘겨요.

앞쪽을 접은 모습. 뒤쪽도 같은 방법으로 접어요.

여기가 뒷다리가 돼요.

이어서

14 오른쪽의 앞과 뒤를 각각 접기선 △를 따라서 접어요.

17 아래 옆쪽 모서리를 안으로 넣어 접어요.

넣어 접은 모습.

완성!

등딱지   앞다리

18 위쪽 모서리를 앞다리보다 조금 위쪽에서 계단접기를 해요.

21 옆으로 뒤집으세요.

19 위쪽 모서리를 조금 접어요.

20 뒷다리와 등딱지 사이 ➡에 손가락을 넣고 중심선을 따라 접어서 세워요.

높이 뛰어오르는 고래

상자 모양으로 접은 개성 넘치는 고래예요.
떠 있는 꼬리를 아래로 튕기면 힘차게 뛰어올라요.

준비물
색종이 1장씩

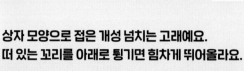

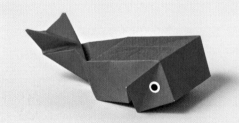

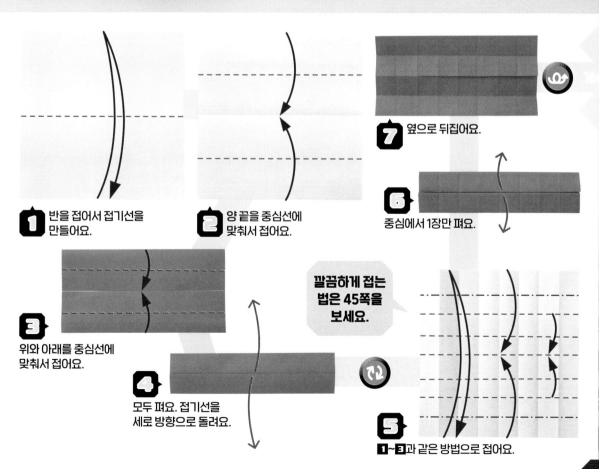

1 반을 접어서 접기선을 만들어요.

2 양 끝을 중심선에 맞춰서 접어요.

3 위와 아래를 중심선에 맞춰서 접어요.

4 모두 펴요. 접기선을 세로 방향으로 돌려요.

깔끔하게 접는 법은 45쪽을 보세요.

5 1~3과 같은 방법으로 접어요.

6 중심에서 1장만 펴요.

7 옆으로 뒤집어요.

10 왼쪽에서 두 번째 접기선에 산접기 접기선을 만들어요.

11 위로 뒤집어요.

왼쪽 아래 접기선을 만드는 모습.

여기만 접어요.

왼쪽 위, 아래에 접기선을 만든 모습.

여기만 접어요.

오른쪽 아래에 접기선을 만든 모습.

9 **8**에서 만든 접기선의 위와 아래 △가 ▲에 오도록 접어서 각각 1칸만 접기선을 만들어요.

12 위, 아래의 가장자리를 접기선 △에 맞춰 접어서 1칸만 접기선을 만들어요.

△ 첫 번째

접었다 펴요.

여기만 접어요.

8 왼쪽에서 세 번째 접기선에 산접기 접기선을 만들어요.

13 위로 뒤집어요.

14 위, 아래를 각각 접기선 △에 맞춰 접는데 가운데 2칸만 접기선을 만들어요.

△ 중심

접었다 펴요.

여기만 접어요.

15 위, 아래 접기선을 뒤로 접어서 입체적으로 만들어요.

16 오른쪽을 꼬집듯이 잡으면서 세로로 눌러 접어요.

오른쪽을 꼬집듯이 잡은 채로 왼쪽으로 밀면서 눌러 접어요.

눌러 접은 다음 이어진 부분을 오른쪽, 왼쪽으로 접어서 접기선을 만들어요.

이어서

19 방향을 돌려요.

접는 모습.

20 표시선대로 접어서
왼쪽을 여며요.

18 **17**에서 접은 부분의 왼쪽 위
모서리를 눌러 접고 모서리를
옆으로 눕혀서 꼬리지느러미를
만들어요.

눌러 접는 모습.

21 튀어나온
부분을 접어요.

17 **16**에서 접은 가장자리를
가운데부터 넣어 접어요.

22 아래를 뒤쪽으로
접어서 상자
안쪽으로 넣어요.

가운데를 펴서 아래쪽부터
눌러 접어요.

세모로 눌러 접은 다음 앞쪽으로
포개요.

완성!

23 앞쪽과 뒤쪽의 세모
접기선을 바깥쪽에서
잡고 ☆ 면이 앞을
향하도록 돌려요.

꼬집듯이 잡은 모습.
그 상태로 세모를
눌러 접어요.

**옆에는 눈, 앞에는 입을
그려 넣으면 완벽한 고래 완성!**

고래상어

평평한 부분이 큼지막한 몸으로 한가롭게 헤엄치는
고래상어예요. 커다란 입도 똑같이 표현한 작품이에요.

준비물
색종이 1장씩

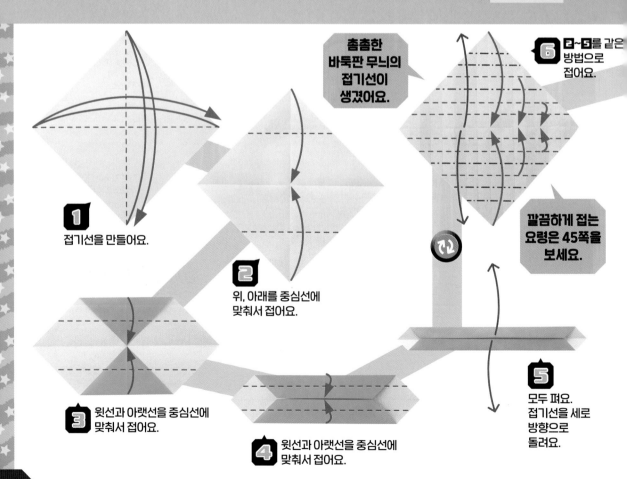

1 접기선을 만들어요.

2 위, 아래를 중심선에 맞춰서 접어요.

3 윗선과 아랫선을 중심선에 맞춰서 접어요.

4 윗선과 아랫선을 중심선에 맞춰서 접어요.

5 모두 펴요. 접기선을 세로 방향으로 돌려요.

6 2~5를 같은 방법으로 접어요.

촘촘한 바둑판 무늬의 접기선이 생겼어요.

깔끔하게 접는 요령은 45쪽을 보세요.

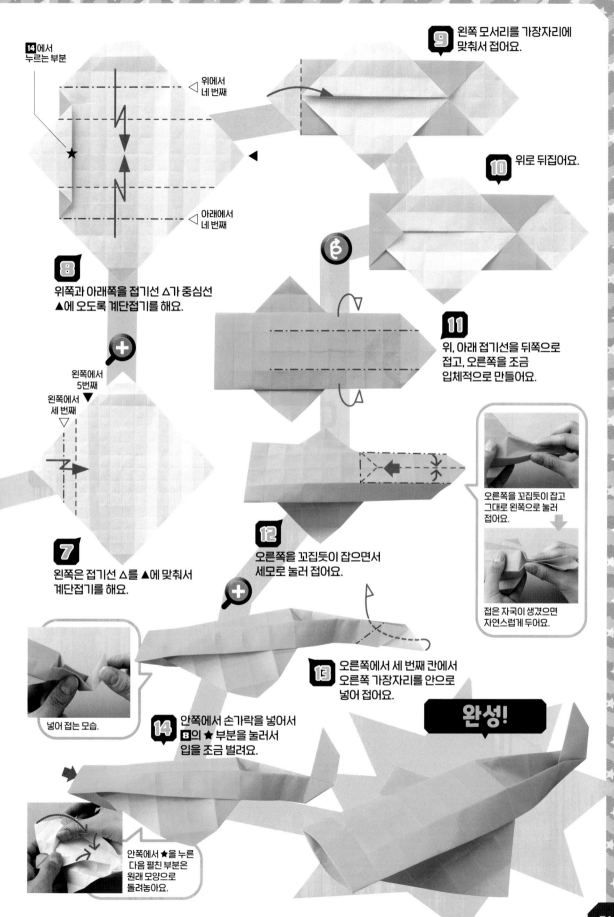

9 왼쪽 모서리를 가장자리에 맞춰서 접어요.

10 위로 뒤집어요.

11 위, 아래 접기선을 뒤쪽으로 접고, 오른쪽을 조금 입체적으로 만들어요.

14에서 누르는 부분

△ 위에서 네 번째

△ 아래에서 네 번째

8 위쪽과 아래쪽을 접기선 △가 중심선 ▲에 오도록 계단접기를 해요.

왼쪽에서 5번째 ▼

왼쪽에서 세 번째 ▽

오른쪽을 꼬집듯이 잡고 그대로 왼쪽으로 눌러 접어요.

접은 자국이 생겼으면 자연스럽게 두어요.

7 왼쪽은 접기선 △를 ▲에 맞춰서 계단접기를 해요.

12 오른쪽을 꼬집듯이 잡으면서 세모로 눌러 접어요.

13 오른쪽에서 세 번째 칸에서 오른쪽 가장자리를 안으로 넣어 접어요.

넣어 접는 모습.

14 안쪽에서 손가락을 넣어서 8의 ★ 부분을 눌러서 입을 조금 벌려요.

완성!

안쪽에서 ★을 누른 다음 펼친 부분은 원래 모양으로 돌려놓아요.

날개 달린 드래곤

드래곤은 유럽에서 옛이야기나 신화에 등장하는 전설의 생물이에요.
용과 같은 모습에 날개가 달린 것이 특징인 작품이에요.

준비물
색종이 1장씩

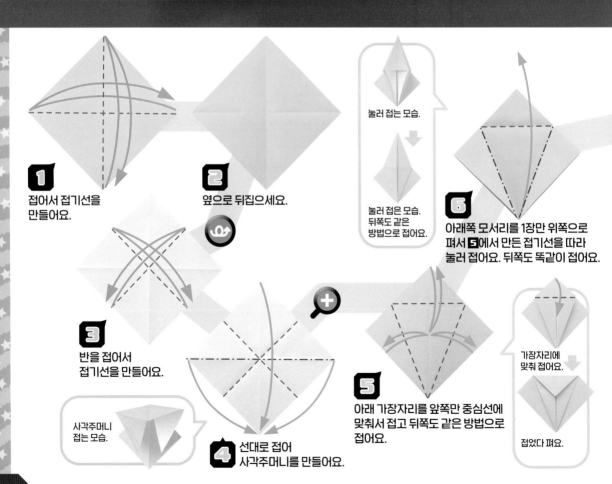

1 접어서 접기선을
만들어요.

2 옆으로 뒤집으세요.

눌러 접는 모습.

눌러 접은 모습.
뒤쪽도 같은
방법으로 접어요.

6 아래쪽 모서리를 1장만 위쪽으로
펴서 **5**에서 만든 접기선을 따라
눌러 접어요. 뒤쪽도 똑같이 접어요.

3 반을 접어서
접기선을 만들어요.

가장자리에
맞춰 접어요.

접었다 펴요.

사각주머니
접는 모습.

5 아래 가장자리를 앞쪽만 중심선에
맞춰서 접고 뒤쪽도 같은 방법으로
접어요.

4 선대로 접어
사각주머니를 만들어요.

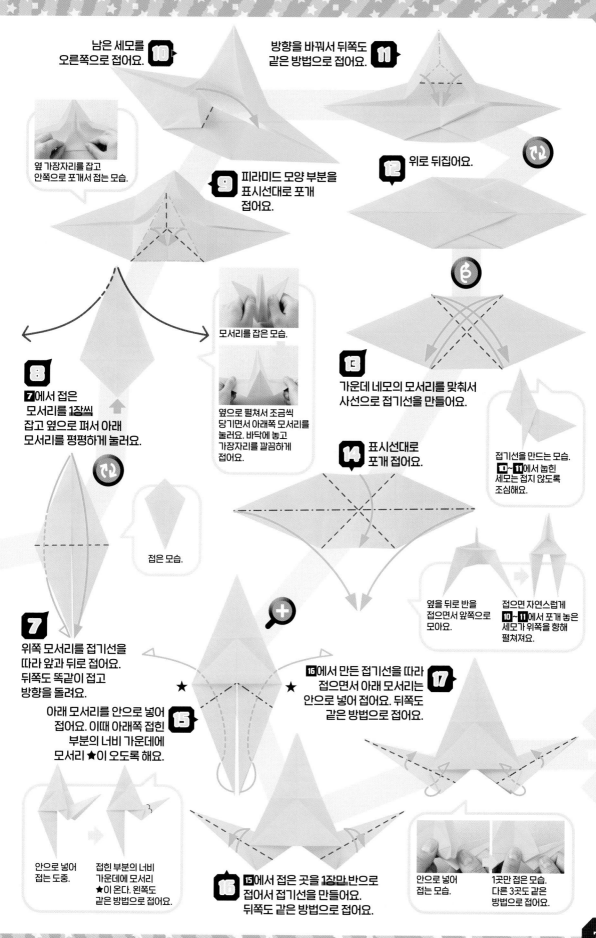

남은 세모를
오른쪽으로 접어요. **10**

방향을 바꿔서 뒤쪽도
같은 방법으로 접어요. **11**

옆 가장자리를 잡고
안쪽으로 포개서 접는 모습.

12 위로 뒤집어요.

9 피라미드 모양 부분을
표시선대로 포개
접어요.

모서리를 잡은 모습.

옆으로 펼쳐서 조금씩
당기면서 아래쪽 모서리를
눌러요. 바닥에 놓고
가장자리를 깔끔하게
접어요.

13 가운데 네모의 모서리를 맞춰서
사선으로 접기선을 만들어요.

접기선을 만드는 모습.
10~11에서 눕힌
세모는 접지 않도록
조심해요.

8 **7**에서 접은
모서리를 1장씩
잡고 옆으로 펴서 아래
모서리를 평평하게 눌러요.

14 표시선대로
포개 접어요.

접은 모습.

옆을 뒤로 반을
접으면서 앞쪽으로
모아요.

접으면 자연스럽게
10~11에서 포개 놓은
세모가 위쪽을 향해
펼쳐져요.

7 위쪽 모서리를 접기선을
따라 앞과 뒤로 접어요.
뒤쪽도 똑같이 접고
방향을 돌려요.

16에서 만든 접기선을 따라
접으면서 아래 모서리는
안으로 넣어 접어요. 뒤쪽도
같은 방법으로 접어요. **17**

아래 모서리를 안으로 넣어
접어요. 이때 아래쪽 접힌
부분의 너비 가운데에
모서리 ★이 오도록 해요. **15**

안으로 넣어
접는 도중.

접힌 부분의 너비
가운데에 모서리
★이 온다. 왼쪽도
같은 방법으로 접어요.

16 **15**에서 접은 곳을 1장만 반으로
접어서 접기선을 만들어요.
뒤쪽도 같은 방법으로 접어요.

안으로 넣어
접는 모습.

1곳만 접은 모습.
다른 3곳도 같은
방법으로 접어요.

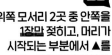

오른쪽 1장을
잡은 모습.

1장을 접어
젖히는 모습.

연결되는 부분과 ▲를 잇는
선을 따라 접는 모습.

오른쪽만 접은 모습.
왼쪽도 같은 방법으로
접어요.

21에서 포갠 접힌 부분에
맞춰서 접어요.

23
위쪽 모서리 2곳 중 안쪽을
1장만 젖히고, 머리가
시작되는 부분에서 ▲를
잇는 선을 따라 접어요.

이게 날개가
돼요.

24
머리를 왼쪽
방향으로 돌려요.

앞쪽을 포개 접는 모습.

앞쪽을 포개 접은 모습.

뒤쪽도 포개 접은 모습.

22
머리 옆쪽
모서리를 펴요.

21
세모를 표시선대로
포개 접어요. 뒤쪽도 같은
방법으로 접어요. 머리를
앞쪽 방향으로 돌려요.

20 반을 접어요.
방향을 돌려요.

18
아래 모서리를 펴고
펼친 면이 앞을
향하게 해요.

이어서

19 왼쪽은 길게 1곳을 계단접기해요.
오른쪽은 3곳을 좁게 계단접기해요.

펴는 모습.

펼친 다음 그 면이 앞을
향하도록 해요.

여기가
머리가 돼요.

왼쪽을 계단접기한 모습.

여기가
꼬리가 돼요.

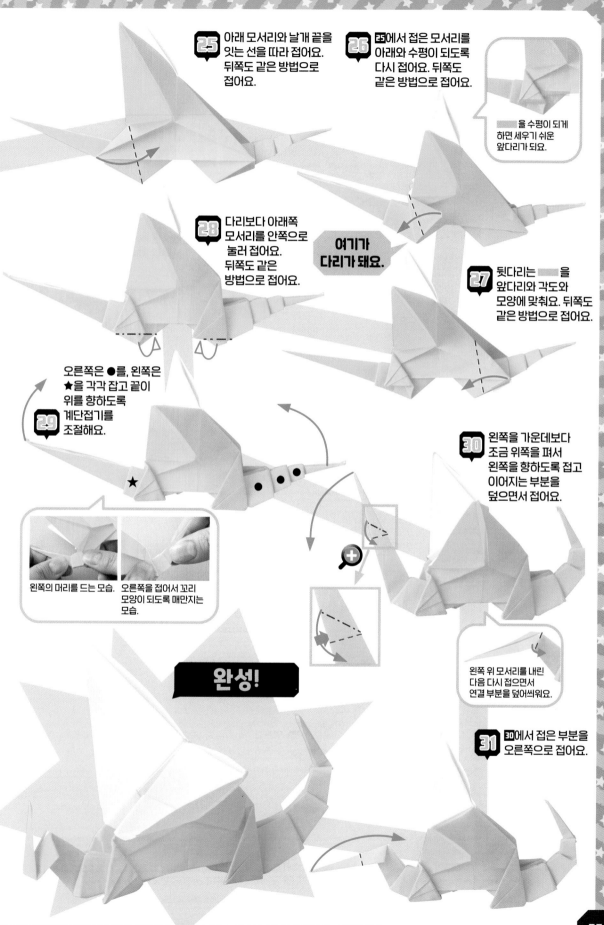

25 아래 모서리와 날개 끝을 잇는 선을 따라 접어요. 뒤쪽도 같은 방법으로 접어요.

26 25에서 접은 모서리를 아래와 수평이 되도록 다시 접어요. 뒤쪽도 같은 방법으로 접어요.

▭을 수평이 되게 하면 세우기 쉬운 앞다리가 되요.

28 다리보다 아래쪽 모서리를 안쪽으로 눌러 접어요. 뒤쪽도 같은 방법으로 접어요.

여기가 다리가 돼요.

27 뒷다리는 ▭을 앞다리와 각도와 모양에 맞춰요. 뒤쪽도 같은 방법으로 접어요.

29 오른쪽은 ●를, 왼쪽은 ★을 각각 잡고 끝이 위를 향하도록 계단접기를 조절해요.

왼쪽의 머리를 드는 모습.

오른쪽을 접어서 꼬리 모양이 되도록 매만지는 모습.

30 왼쪽을 가운데보다 조금 위쪽을 펴서 왼쪽을 향하도록 접고 이어지는 부분을 덮으면서 접어요.

왼쪽 위 모서리를 내린 다음 다시 접으면서 연결 부분을 덮어씌워요.

완성!

31 30에서 접은 부분을 오른쪽으로 접어요.

준비물
색종이 1장씩

불사조 & 유니콘

불사조

유니콘

불꽃에서 태어나서 죽지 않고 영원히 산다는 불사조와 머리에
기다란 뿔 하나가 달린 유니콘이에요. 둘 다 전설의 생물로
다양한 이야기에 등장합니다.

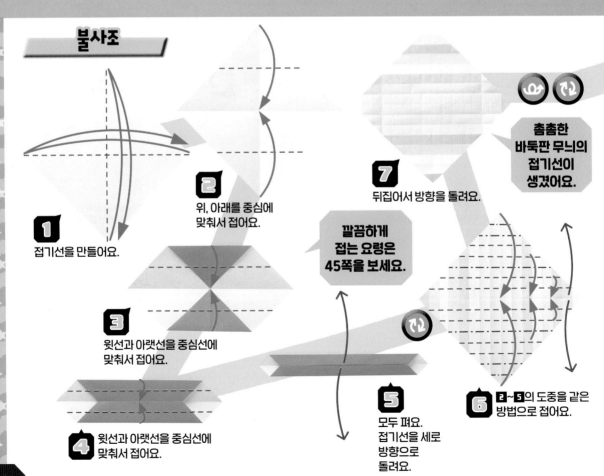

불사조

1 접기선을 만들어요.

2 위, 아래를 중심에
맞춰서 접어요.

3 윗선과 아랫선을 중심선에
맞춰서 접어요.

4 윗선과 아랫선을 중심선에
맞춰서 접어요.

5 모두 펴요.
접기선을 세로
방향으로
돌려요.

6 2~5의 도중을 같은
방법으로 접어요.

7 뒤집어서 방향을 돌려요.

촘촘한
바둑판 무늬의
접기선이
생겼어요.

깔끔하게
접는 요령은
45쪽을 보세요.

안쪽에서 눌러 접어요.

접기선을 따라 산접기를 해요.

나와 있는 모서리를 누르듯이 접어요.

모두 접으면 가늘고 긴 상자 모양을 잡아요.

다음에 ■ 사이 세모를 계곡접기 해요.

꼼꼼하게 접기선을 만들어요.

먼저 ■ 가장자리를 산접기로 조금씩 접어요.

9 표시선대로 포개서 접어요. ■가 겉으로 나오게 상자 모양을 만들어요.

접었다가 펴요.

여기만 접어요.

8 반을 접는데 중심의 4칸을 남기고 접기선을 만들어요.

10 앞쪽과 뒤쪽의 폭을 반으로 접으면서 위를 세모로 눌러 접어요.

폭을 아래부터 조금씩 접어요.

가장 위 칸까지 접은 다음 남은 부분은 눌러 접어요.

위는 눌러서 V자 모양으로 만들어요.

11 아래를 옆으로 펴고 방향을 돌려요.

12 가운데 ★을 앞쪽만 펴고 아래 1칸만 접어 눌러요. 방향을 돌려요.

1칸만 남기고 활짝 편 다음 아래로 눌러서 접어요.

12에서 편 부분을 1칸만 남긴 다음 반으로 접어요. **13** 방향을 돌려요.

14 **13**에서 접은 부분의 ➡를 펴서 위쪽 모서리를 왼쪽을 향해서 접어요. 방향을 돌려요.

계속

아래는 세모로 눌러요.

위쪽 모서리를 펴서 내리는 모습.

유니콘

1 불사조의 **1**~**6**과 같은 방법으로 접어요.

2 중심선을 남겨 놓고 접기선을 따라 양쪽으로 병풍접기를 해요.

눌러 접으면 모서리 1칸만 남아요.

6 세운 모서리 폭을 반으로 접고 아래는 세모로 눌러 접어요.

여기가 꼬리가 돼요.

3 세로 가장자리 ▬▬ 선을 2장함께 편 다음 접기선 △에 맞춰서 포개 접어요.

▷ 위에서 5번째

5 옆쪽을 안쪽에서 1장만 접어서 포개고, 위쪽 모서리는 세워요. 세운 면을 앞쪽 방향으로 돌려요.

접기선에 맞춘 다음 앞쪽으로 접어요.

옆 모서리를 펴는 모습.

옆을 안쪽으로 눌러 접는 모습.

입체적으로 접은 모습.

접는 모습.

4 가장자리를 바깥쪽으로 펴면서 가장 위쪽의 접기선을 따라서 위로 접어요.

불사조

완성!

접은 모습.

이어서

15 **14**에서 펼친 부분의 가장자리를 중심선에 맞춰서 접어요.

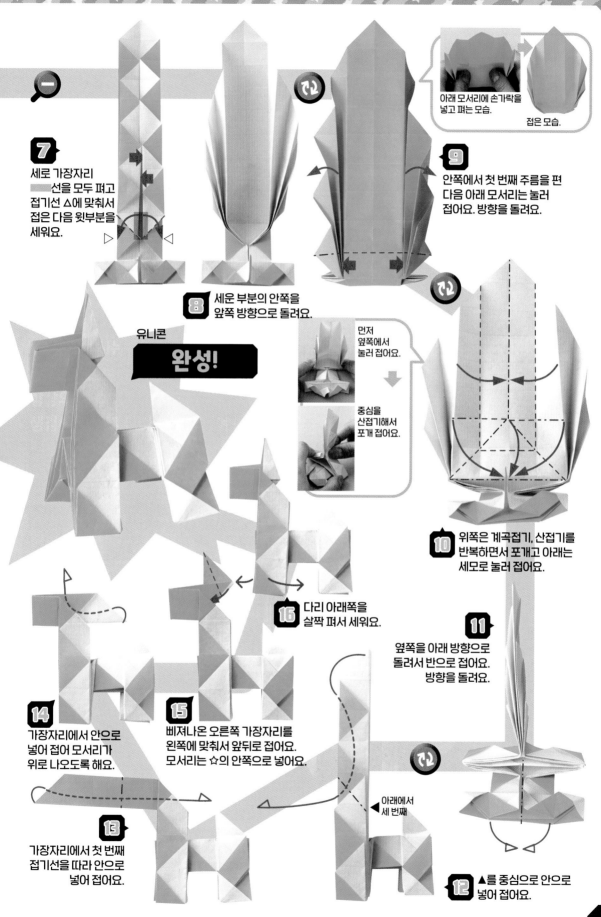

7
세로 가장자리
선을 모두 펴고
접기선 △에 맞춰서
접은 다음 윗부분을
세워요.
▷　◁

9
안쪽에서 첫 번째 주름을 편
다음 아래 모서리는 눌러
접어요. 방향을 돌려요.

아래 모서리에 손가락을
넣고 펴는 모습.

접은 모습.

8
세운 부분의 안쪽을
앞쪽 방향으로 돌려요.

유니콘

완성!

먼저
옆쪽에서
눌러 접어요.

중심을
산접기해서
포개 접어요.

10
위쪽은 계곡접기, 산접기를
반복하면서 포개고 아래는
세모로 눌러 접어요.

11
옆쪽을 아래 방향으로
돌려서 반으로 접어요.
방향을 돌려요.

16
다리 아래쪽을
살짝 펴서 세워요.

14
가장자리에서 안으로
넣어 접어 모서리가
위로 나오도록 해요.

15
삐져나온 오른쪽 가장자리를
왼쪽에 맞춰서 앞뒤로 접어요.
모서리는 ☆의 안쪽으로 넣어요.

아래에서
세 번째

13
가장자리에서 첫 번째
접기선을 따라 안으로
넣어 접어요.

12
▲를 중심으로 안으로
넣어 접어요.

스르륵 유령

발이 없는 '유~우~령'을 만들어 볼게요.
옆으로 뻗은 팔을 튕기면 스르륵 하고 조용히 이동해요.

준비물
색종이 1장씩

---

1 반을 접어서 접기선을
만들어요.

2 옆으로 뒤집어요.

6 윗선과 아랫선을 중심선에
맞춰서 접어요.

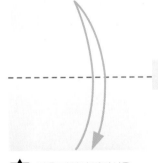

3 양 끝을 중심선에 맞춰서
접어요.

4 옆으로 뒤집어요.

5 위, 아래를 접기선 △를
중심선에 맞춰서 계단접기를
해요.

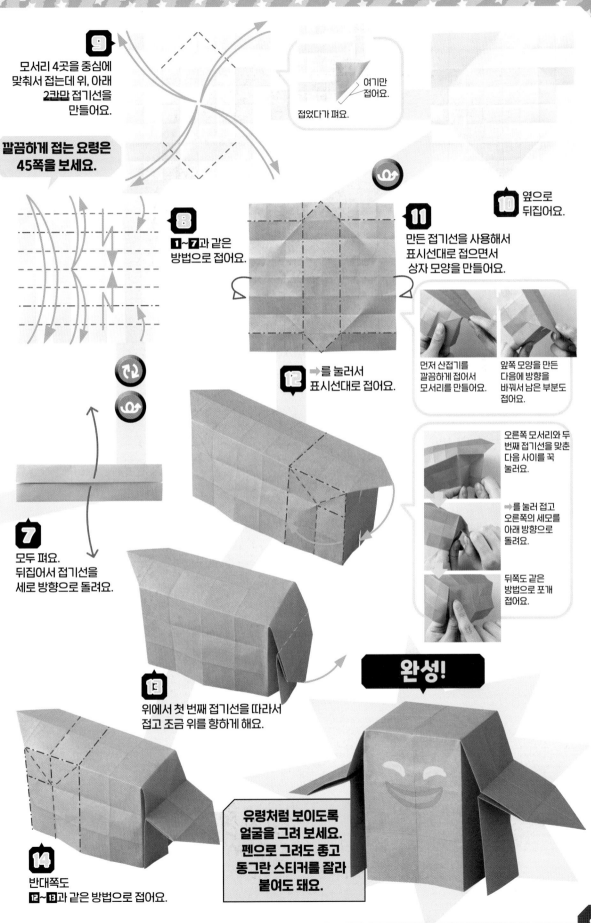

9
모서리 4곳을 중심에 맞춰서 접는데 위, 아래 <u>2칸</u>만 접기선을 만들어요.

여기만 접어요.
접었다가 펴요.

깔끔하게 접는 요령은 45쪽을 보세요.

8
1~7과 같은 방법으로 접어요.

11
만든 접기선을 사용해서 표시선대로 접으면서 상자 모양을 만들어요.

10 옆으로 뒤집어요.

먼저 산접기를 깔끔하게 접어서 모서리를 만들어요.

앞쪽 모양을 만든 다음에 방향을 바꿔서 남은 부분도 접어요.

12 →를 눌러서 표시선대로 접어요.

오른쪽 모서리와 두 번째 접기선을 맞춘 다음 사이를 꾹 눌러요.

→를 눌러 접고 오른쪽의 세모를 아래 방향으로 돌려요.

뒤쪽도 같은 방법으로 포개 접어요.

7
모두 펴요. 뒤집어서 접기선을 세로 방향으로 돌려요.

13
위에서 첫 번째 접기선을 따라서 접고 조금 위를 향하게 해요.

완성!

14
반대쪽도 **12~13**과 같은 방법으로 접어요.

유령처럼 보이도록 얼굴을 그려 보세요. 펜으로 그려도 좋고 동그란 스티커를 잘라 붙여도 돼요.

파트 3

공룡 & 고대 생물

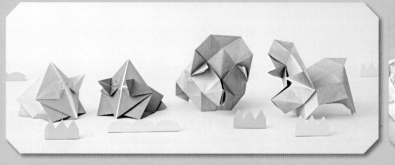

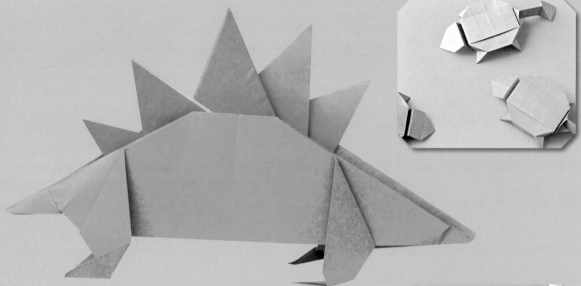

모두가 정말 좋아하는 공룡이에요.
다양한 공룡을 만들어 볼 거예요.
조금 만들기 어려운 공룡도 있지만
힘내서 도전해 보세요!

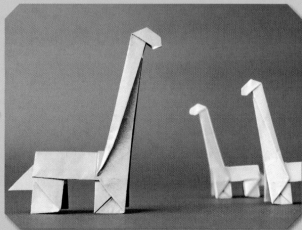

공룡 머리

상자 모양으로 만들어서 공룡 얼굴을 그리면서 놀아요.
혼자서 놀아도 재미있고 친구 손가락을 앙 하고 물게 해도
재미있답니다.

준비물

색종이 1장
(15센티미터를 추천해요)

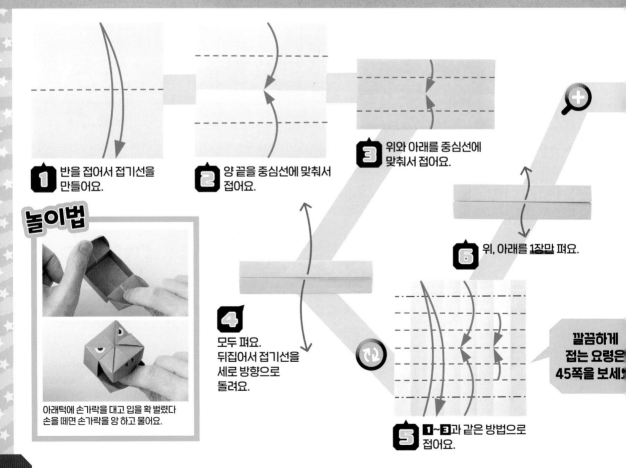

1 반을 접어서 접기선을
만들어요.

2 양 끝을 중심선에 맞춰서
접어요.

3 위와 아래를 중심선에
맞춰서 접어요.

6 위, 아래를 1장만 펴요.

4 모두 펴요.
뒤집어서 접기선을
세로 방향으로
돌려요.

5 **1~3**과 같은 방법으로
접어요.

깔끔하게
접는 요령은
45쪽을 보세요.

놀이법

아래턱에 손가락을 대고 입을 확 벌렸다
손을 떼면 손가락을 앙 하고 물어요.

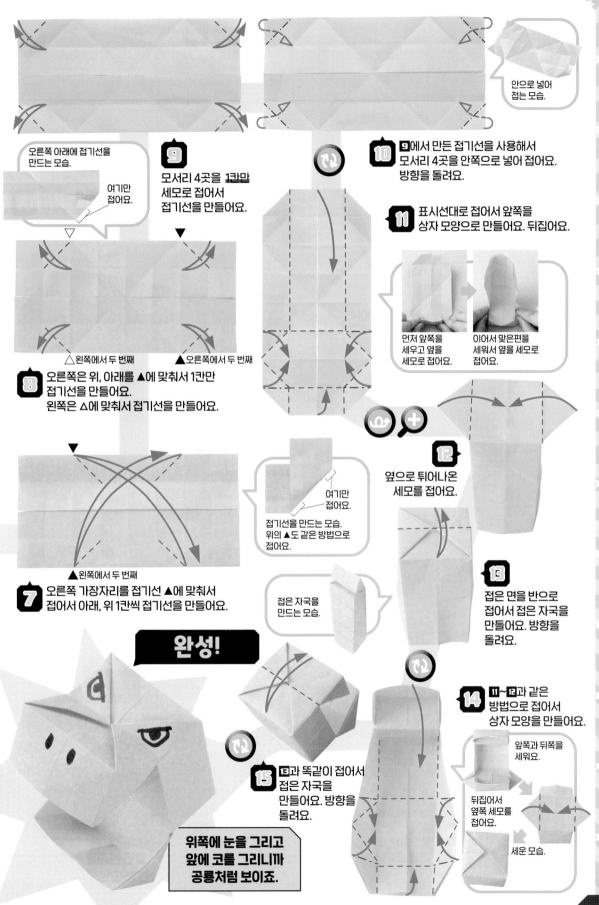

안으로 넣어
접는 모습.

오른쪽 아래에 접기선을
만드는 모습.

여기만
접어요.

9 모서리 4곳을 1칸만
세로로 접어서
접기선을 만들어요.

10 9에서 만든 접기선을 사용해서
모서리 4곳을 안쪽으로 넣어 접어요.
방향을 돌려요.

11 표시선대로 접어서 앞쪽을
상자 모양으로 만들어요. 뒤집어요.

먼저 앞쪽을
세우고 옆을
세로로 접어요.

이어서 맞은편을
세워서 옆을 세로로
접어요.

△왼쪽에서 두 번째   ▲오른쪽에서 두 번째

8 오른쪽은 위, 아래를 ▲에 맞춰서 1칸만
접기선을 만들어요.
왼쪽은 △에 맞춰서 접기선을 만들어요.

여기만
접어요.

접기선을 만드는 모습.
위의 ▲도 같은 방법으로
접어요.

12 옆으로 튀어나온
세모를 접어요.

접은 자국을
만드는 모습.

13 접은 면을 반으로
접어서 접은 자국을
만들어요. 방향을
돌려요.

▲왼쪽에서 두 번째

7 오른쪽 가장자리를 접기선 ▲에 맞춰서
접어서 아래, 위 1칸씩 접기선을 만들어요.

완성!

14 11~12과 같은
방법으로 접어서
상자 모양을 만들어요.

앞쪽과 뒤쪽을
세워요.

뒤집어서
옆쪽 세모를
접어요.

세운 모습.

15 13과 똑같이 접어서
접은 자국을
만들어요. 방향을
돌려요.

위쪽에 눈을 그리고
앞에 코를 그리니까
공룡처럼 보이죠.

티라노사우루스

모두가 아는 공룡 티라노사우루스. 굵고 튼튼한 뒷다리, 짧은 앞다리, 커다란 머리, 단단한 뼈도 깨부수는 튼튼한 턱을 지녔어요.

준비물
색종이 1장씩

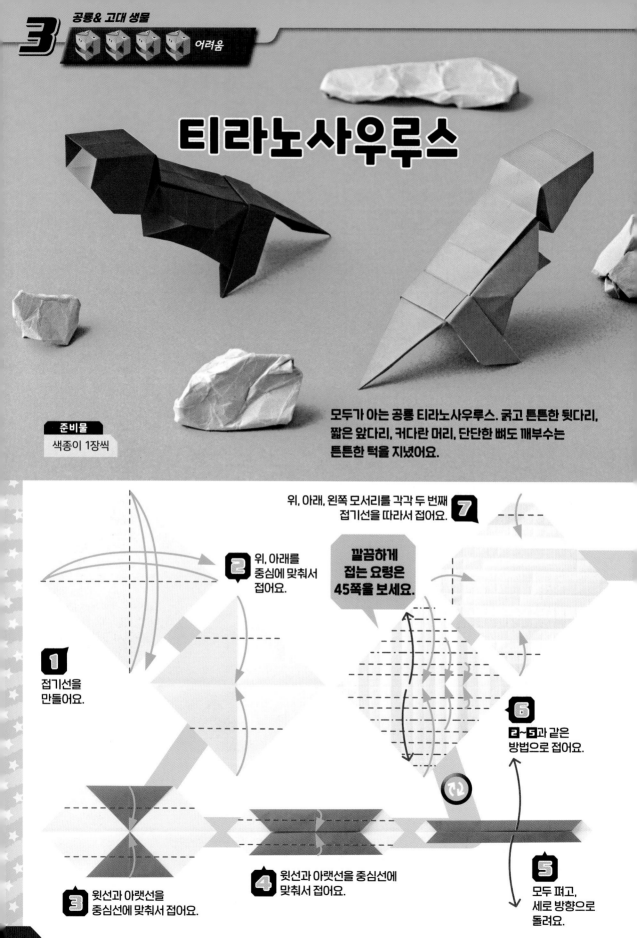

7 위, 아래, 왼쪽 모서리를 각각 두 번째 접기선을 따라서 접어요.

깔끔하게 접는 요령은 45쪽을 보세요.

2 위, 아래를 중심에 맞춰서 접어요.

1 접기선을 만들어요.

6 2~5과 같은 방법으로 접어요.

5 모두 펴고, 세로 방향으로 돌려요.

4 윗선과 아랫선을 중심선에 맞춰서 접어요.

3 윗선과 아랫선을 중심선에 맞춰서 접어요.

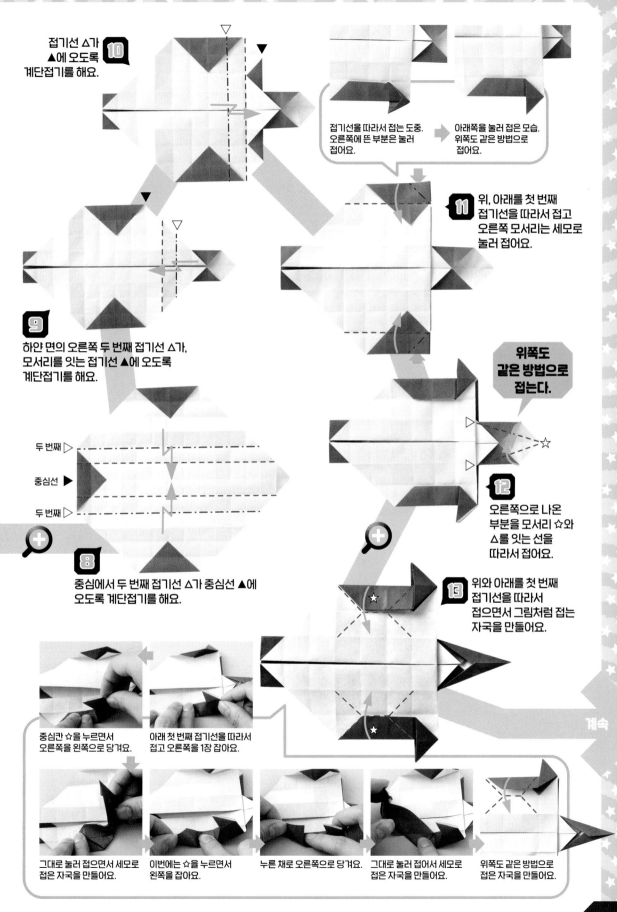

접기선 △가 ▲에 오도록 **10** 계단접기를 해요.

접기선을 따라서 접는 도중. 오른쪽에 뜬 부분은 눌러 접어요. → 아래쪽을 눌러 접은 모습. 위쪽도 같은 방법으로 접어요.

11 위, 아래를 첫 번째 접기선을 따라서 접고 오른쪽 모서리는 세모로 눌러 접어요.

9 하얀 면의 오른쪽 두 번째 접기선 △가, 모서리를 잇는 접기선 ▲에 오도록 계단접기를 해요.

위쪽도 같은 방법으로 접는다.

두 번째 ▷
중심선 ▶
두 번째 ▷

12 오른쪽으로 나온 부분을 모서리 ☆와 △를 잇는 선을 따라서 접어요.

8 중심에서 두 번째 접기선 △가 중심선 ▲에 오도록 계단접기를 해요.

13 위와 아래를 첫 번째 접기선을 따라서 접으면서 그림처럼 접는 자국을 만들어요.

중심칸 ☆을 누르면서 오른쪽을 왼쪽으로 당겨요.

아래 첫 번째 접기선을 따라서 접고 오른쪽을 1장 잡아요.

그대로 눌러 접으면서 세모로 접은 자국을 만들어요.

이번에는 ☆을 누르면서 왼쪽을 잡아요.

누른 채로 오른쪽으로 당겨요.

그대로 눌러 접어서 세모로 접은 자국을 만들어요.

위쪽도 같은 방법으로 접은 자국을 만들어요.

계속

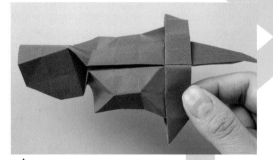

완성!

꼬리와 뒷다리로
균형을 잡아서 세워요!

 반대쪽도
15~16과 같은 방법으로 접어요.

여기가
머리가 돼요.

☆을 잡고 오른쪽 ●와 ○의
뒤쪽을 잡아서 누르고 목 부분을
눌러 접어요.

눌러 접은 다음에
목 경계를 꼼꼼하게
눌러요.

앞다리도 꼼꼼하게 접어요.

아래턱을 비스듬하게
포개 접어요.

 표시선대로 접어서 머리를
만들어요.

이어서

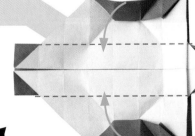

여기가
뒷다리가 돼요.

14
중심에서 첫 번째 접기선을 따라 접고,
위쪽과 아래쪽을 세워요. 위로 뒤집어요.

15
왼쪽의 주름진 곳을 펴요.

3 🎲🎲🎲🎲 어려움

벨로키랍토르

티라노사우루스를 작게 만든 듯한 육식 공룡이에요.
머리 부분이 조금 긴데 그 부분만 티라노사우루스와
접기 방법이 달라요.

준비물
색종이 1장씩

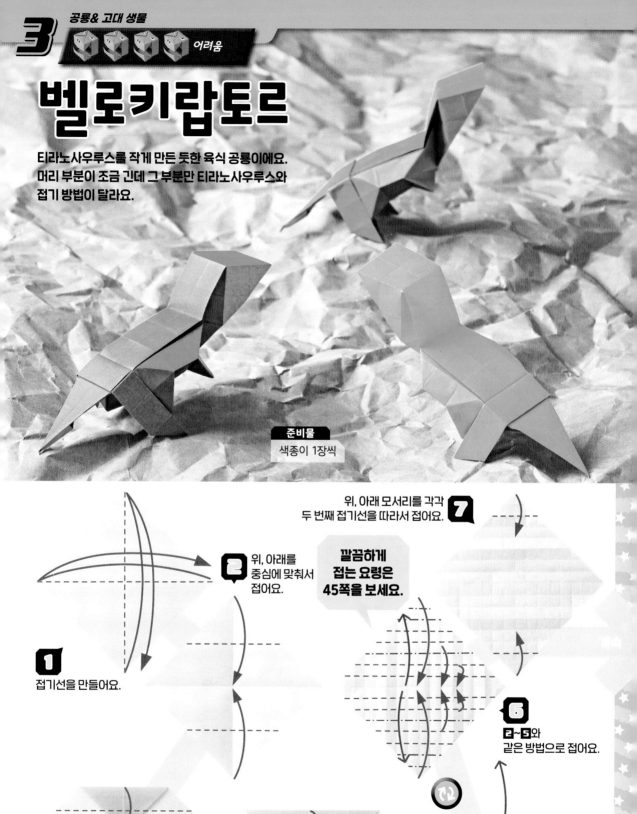

1 접기선을 만들어요.

2 위, 아래를 중심에 맞춰서 접어요.

깔끔하게 접는 요령은 45쪽을 보세요.

7 위, 아래 모서리를 각각 두 번째 접기선을 따라서 접어요.

3 윗선과 아랫선을 중심선에 맞춰서 접어요.

4 윗선과 아랫선을 중심선에 맞춰서 접어요.

5 모두 펴요. 접기선을 세로 방향으로 돌려요.

6 2~5와 같은 방법으로 접어요.

접기선 △가 ▲에 오도록 계단접기를 해요. 10

접기선을 따라서 접는 모습. 오른쪽에 뜬 부분은 눌러 접어요. → 아래를 눌러 접은 모습. 위쪽도 같은 방법으로 접어요.

9
오른쪽 두 번째 접기선 △가 ▲에 오도록 계단접기를 해요.

11
첫 번째 접기선을 따라서 양쪽을 접고 오른쪽 모서리는 세모로 눌러 접어요.

여기가 꼬리가 돼요.

두 번째 ▷
중심선 ▶
두 번째 ▷

12
오른쪽의 모서리 ☆과 연결 부분 △를 잇는 선을 따라서 접어요.

이어서 ⊕

8
중심에서 두 번째 접기선 △가 중심선 ▲에 오도록 계단접기를 해요.

13
위와 아래를 첫 번째 접기선을 따라 접으면서 그림대로 접어요.

아래를 첫 번째 접기선을 따라서 접고 오른쪽 1장을 접어요.

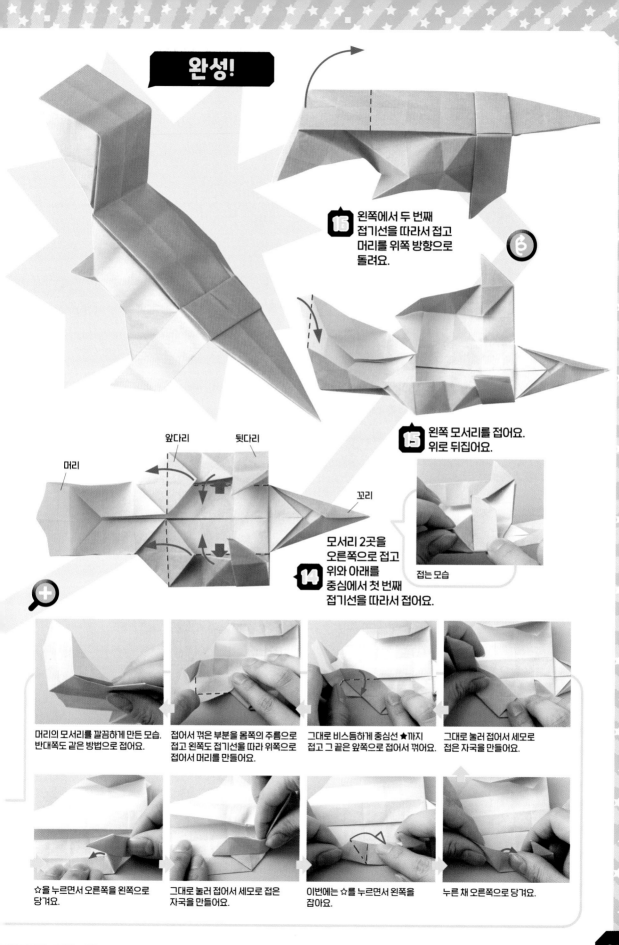

완성!

16 왼쪽에서 두 번째 접기선을 따라서 접고 머리를 위쪽 방향으로 돌려요.

15 왼쪽 모서리를 접어요. 위로 뒤집어요.

접는 모습

앞다리　뒷다리

머리

꼬리

모서리 2곳을 오른쪽으로 접고 위와 아래를 중심에서 첫 번째 접기선을 따라서 접어요.

14

머리의 모서리를 깔끔하게 만든 모습. 반대쪽도 같은 방법으로 접어요.

접어서 꺾은 부분을 몸쪽의 주름으로 접고 왼쪽도 접기선을 따라 위쪽으로 접어서 머리를 만들어요.

그대로 비스듬하게 중심선 ★까지 접고 그 끝은 앞쪽으로 접어서 꺾어요.

그대로 눌러 접어서 세모로 접은 자국을 만들어요.

☆을 누르면서 오른쪽을 왼쪽으로 당겨요.

그대로 눌러 접어서 세모로 접은 자국을 만들어요.

이번에는 ☆를 누르면서 왼쪽을 잡아요.

누른 채 오른쪽으로 당겨요.

준비물
● 아기
색종이 1장
● 부모
색종이 2장

트리케라톱스 가족

부모

아기

얼굴 옆에 갈기와 기다란 뿔 2개가 특징인 공룡이에요.
아기는 1장으로 만들고 부모 트리케라톱스는 2장으로
만들 거예요.

아기 트리케라톱스

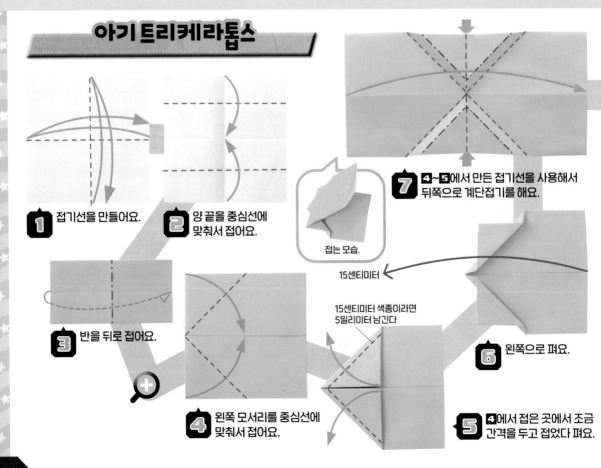

1 접기선을 만들어요.

2 양 끝을 중심선에 맞춰서 접어요.

3 반을 뒤로 접어요.

4 왼쪽 모서리를 중심선에 맞춰서 접어요.

5 **4**에서 접은 곳에서 조금 간격을 두고 접었다 펴요.

6 왼쪽으로 펴요.

7 **4**~**5**에서 만든 접기선을 사용해서 뒤쪽으로 계단접기를 해요.

접는 모습.

15센티미터

15센티미터 색종이라면
5밀리미터 남긴다

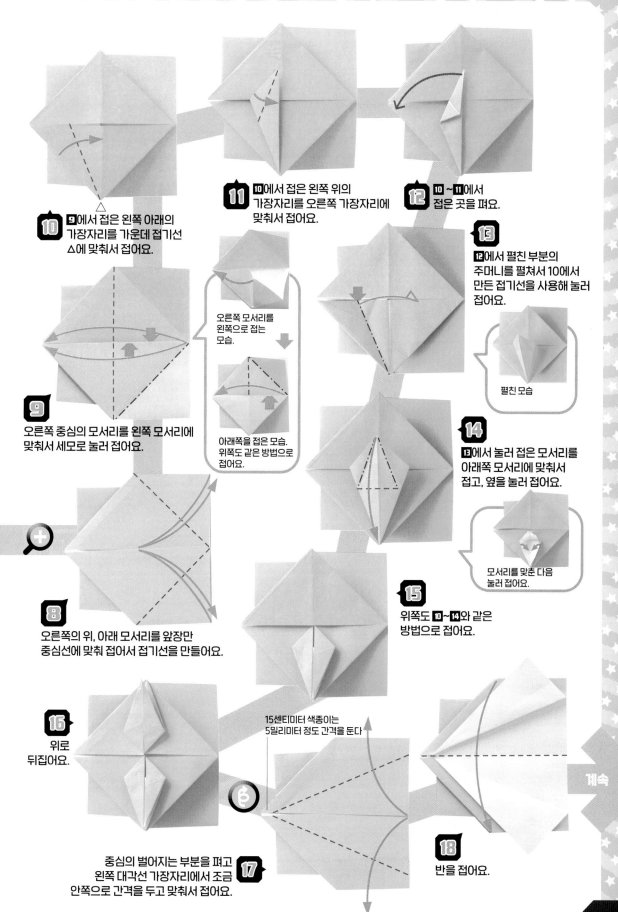

10 9에서 접은 왼쪽 아래의 가장자리를 가운데 접기선 △에 맞춰서 접어요.

11 10에서 접은 왼쪽 위의 가장자리를 오른쪽 가장자리에 맞춰서 접어요.

12 10 ~ 11에서 접은 곳을 펴요.

13 12에서 펼친 부분의 주머니를 펼쳐서 10에서 만든 접기선을 사용해 눌러 접어요.

펼친 모습

오른쪽 모서리를 왼쪽으로 접는 모습.

아래쪽을 접은 모습. 위쪽도 같은 방법으로 접어요.

9 오른쪽 중심의 모서리를 왼쪽 모서리에 맞춰서 세로로 눌러 접어요.

14 13에서 눌러 접은 모서리를 아래쪽 모서리에 맞춰서 접고, 옆을 눌러 접어요.

모서리를 맞춘 다음 눌러 접어요.

8 오른쪽의 위, 아래 모서리를 앞장만 중심선에 맞춰 접어서 접기선을 만들어요.

15 위쪽도 10 ~ 14와 같은 방법으로 접어요.

16 위로 뒤집어요.

15센티미터 색종이는 5밀리미터 정도 간격을 둔다

17 중심의 벌어지는 부분을 펴고 왼쪽 대각선 가장자리에서 조금 안쪽으로 간격을 두고 맞춰서 접어요.

18 반을 접어요.

계속

3

부모 트리케라톱스

머리

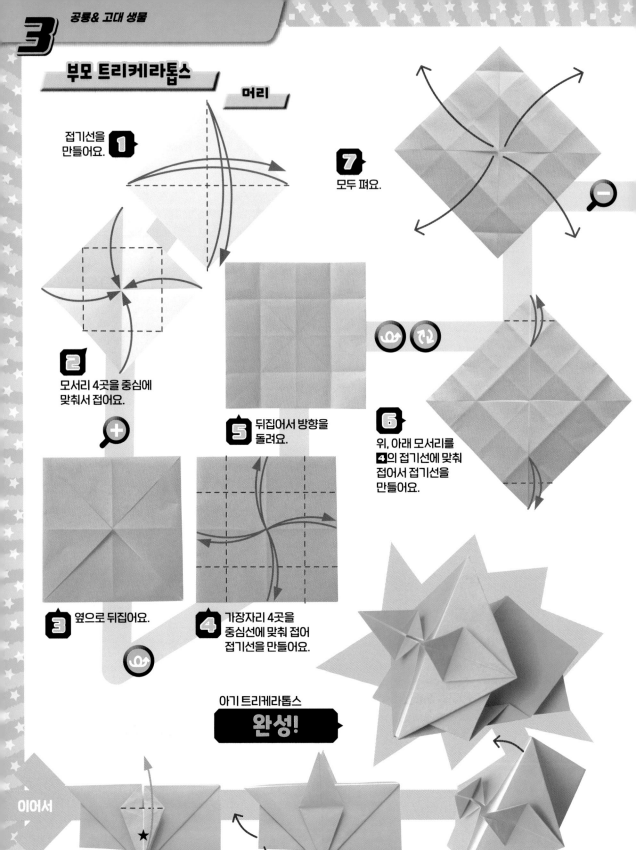

접기선을 만들어요. **1**

2 모서리 4곳을 중심에 맞춰서 접어요.

3 옆으로 뒤집어요.

4 가장자리 4곳을 중심선에 맞춰 접어 접기선을 만들어요.

5 뒤집어서 방향을 돌려요.

6 위, 아래 모서리를 **4**의 접기선에 맞춰 접어서 접기선을 만들어요.

7 모두 펴요.

아기 트리케라톱스
완성!

이어서

 19 ★부분을 세워요. 반대쪽도 같은 방법으로 접어요.

 20 **18**에서 접은 부분을 살짝 펴서 세워요.

 21 주름 부분을 살짝 세워요.

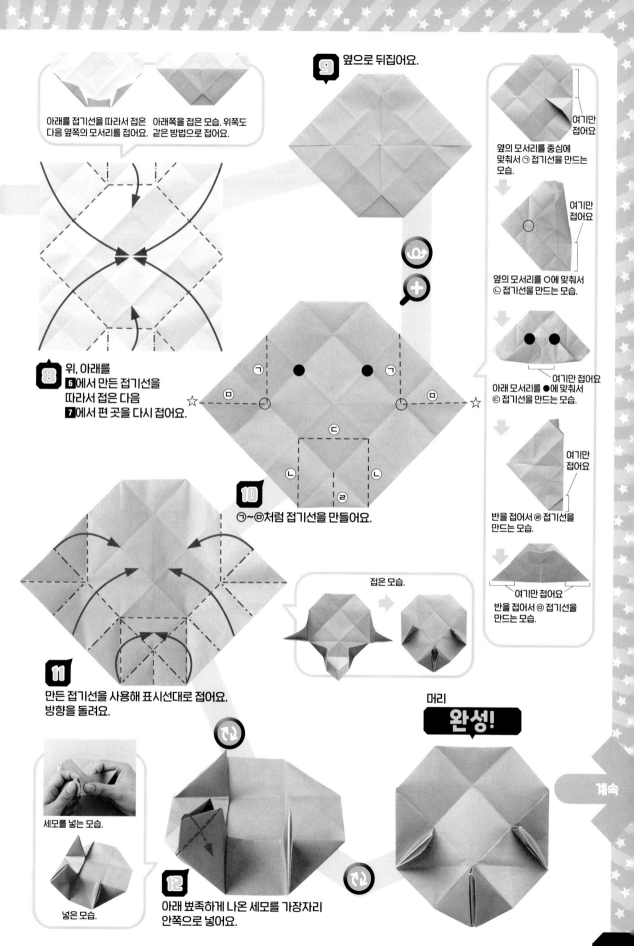

아래를 접기선을 따라서 접은 다음 옆쪽의 모서리를 접어요. 같은 방법으로 접어요.

아래쪽을 접은 모습. 위쪽도 같은 방법으로 접어요.

9 옆으로 뒤집어요.

여기만 접어요

옆의 모서리를 중심에 맞춰서 ㉠ 접기선을 만드는 모습.

여기만 접어요

옆의 모서리를 ○에 맞춰서 ㉡ 접기선을 만드는 모습.

여기만 접어요
아래 모서리를 ●에 맞춰서 ㉢ 접기선을 만드는 모습.

여기만 접어요

반을 접어서 ㉣ 접기선을 만드는 모습.

여기만 접어요
반을 접어서 ㉤ 접기선을 만드는 모습.

8 위, 아래를 **6**에서 만든 접기선을 따라서 접은 다음 **7**에서 편 곳을 다시 접어요.

10 ㉠~㉤처럼 접기선을 만들어요.

접은 모습.

11 만든 접기선을 사용해 표시선대로 접어요. 방향을 돌려요.

세모를 넣는 모습.

넣은 모습.

12 아래 뾰족하게 나온 세모를 가장자리 안쪽으로 넣어요.

머리
완성!

계속

부모 트리케라톱스

몸

이어서

1 반을 접어서 접기선을 만들어요.

2 양 끝을 중심선에 맞춰서 접어요.

3 윗선과 아랫선을 중심선에 맞춰서 접어요.

4 모두 펴고 세로 방향으로 돌려요.

5 1~4와 같은 방법으로 접어요.

깔끔하게 접는 요령은 45쪽을 보세요.

6 위와 아래 접기선을 따라서 접어요.

여기만 접어요.

오른쪽 아래의 접기선을 만드는 모습. 남은 3곳도 같은 방법으로 접어요.

7 옆을 ▲부터 접는데 가장자리를 점선 ▲에 맞춰서 1칸만 접기선을 만들어요.

10 그림처럼 홀수 접기선을 깔끔하게 만들어요.

▽ 중심

△ 중심

여기만 접어요.

오른쪽에 접기선을 만드는 모습.

8 아래쪽을 접기선 △에 맞춰서 2칸만 접기선을 만들어요.

9 위쪽을 접기선 △에 맞춰서 1칸만 접기선을 만들어요.

여기만 접어요.

오른쪽에 접기선을 만드는 모습.

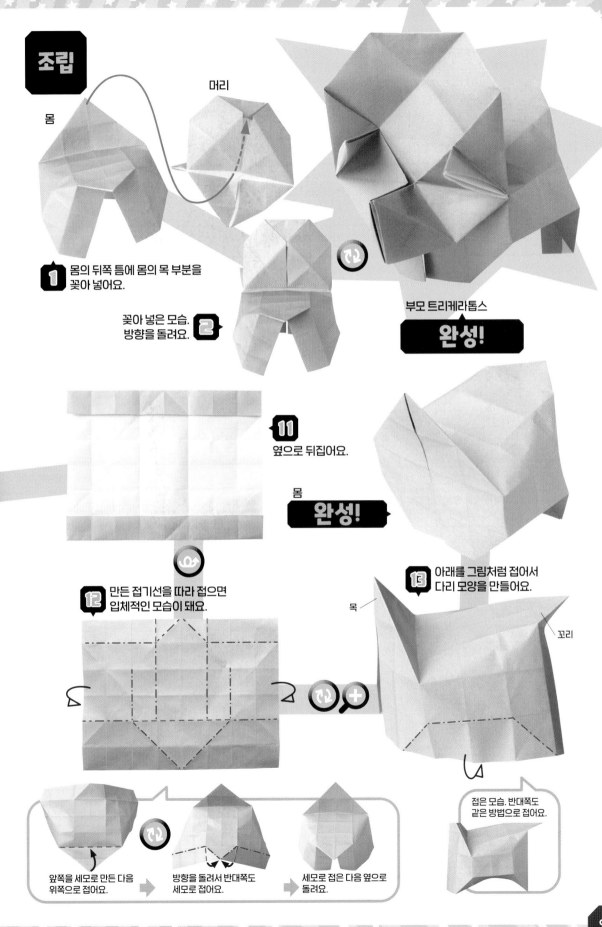

조립

몸

머리

1 몸의 뒤쪽 틈에 몸의 목 부분을 꽂아 넣어요.

2 꽂아 넣은 모습. 방향을 돌려요.

부모 트리케라톱스

완성!

11 옆으로 뒤집어요.

몸

완성!

12 만든 접기선을 따라 접으면 입체적인 모습이 돼요.

13 아래를 그림처럼 접어서 다리 모양을 만들어요.

목

꼬리

앞쪽을 세로로 만든 다음 위쪽으로 접어요.

방향을 돌려서 반대쪽도 세로로 접어요.

세로로 접은 다음 옆으로 돌려요.

접은 모습. 반대쪽도 같은 방법으로 접어요.

스테고사우루스

등에 있는 뾰족뾰족한 골판이 멋있는 공룡이에요.
색종이 2장으로 만드니까 다양한 색깔로 만들어도 좋겠네요.

준비물
색종이 2장

몸통

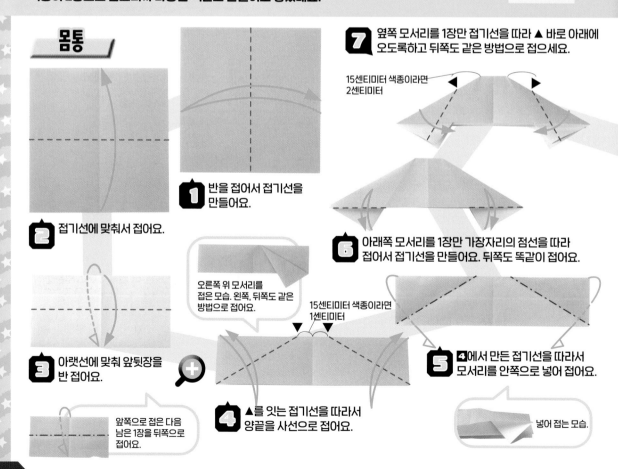

1 반을 접어서 접기선을 만들어요.

2 접기선에 맞춰서 접어요.

3 아랫선에 맞춰 앞뒷장을 반 접어요.

앞쪽으로 접은 다음 남은 1장을 뒤쪽으로 접어요.

오른쪽 위 모서리를 접은 모습. 왼쪽, 뒤쪽도 같은 방법으로 접어요.

4 ▲를 잇는 접기선을 따라서 양끝을 사선으로 접어요.

15센티미터 색종이라면 1센티미터

5 4에서 만든 접기선을 따라서 모서리를 안쪽으로 넣어 접어요.

넣어 접는 모습.

6 아래쪽 모서리를 1장만 가장자리의 점선을 따라 접어서 접기선을 만들어요. 뒤쪽도 똑같이 접어요.

7 옆쪽 모서리를 1장만 접기선을 따라 ▲ 바로 아래에 오도록하고 뒤쪽도 같은 방법으로 접으세요.

15센티미터 색종이라면 2센티미터

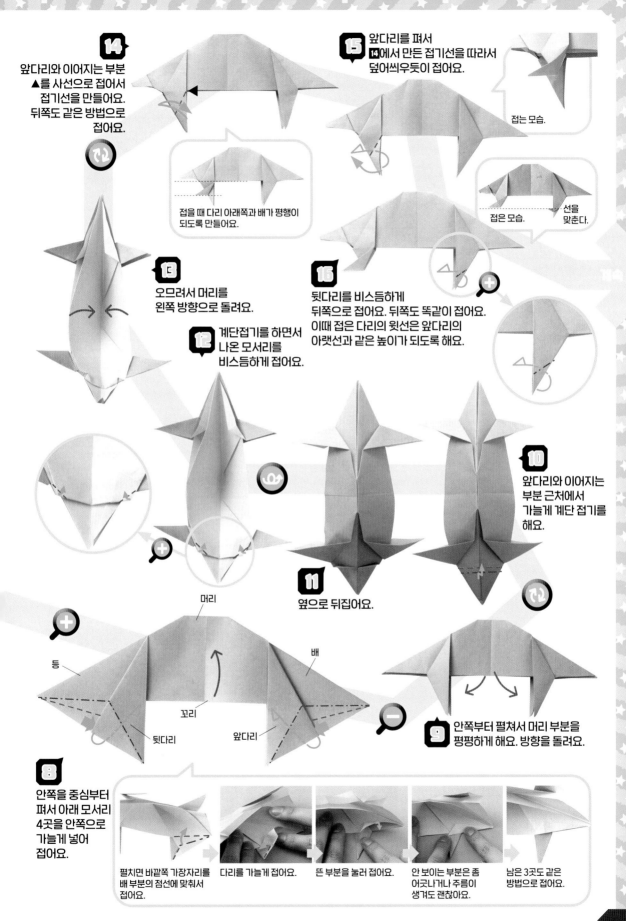

14 앞다리와 이어지는 부분 ▲를 사선으로 접어서 접기선을 만들어요. 뒤쪽도 같은 방법으로 접어요.

접을 때 다리 아래쪽과 배가 평행이 되도록 만들어요.

15 앞다리를 펴서 14에서 만든 접기선을 따라서 덮어씌우듯이 접어요.

접는 모습.

접은 모습.

접은 모습. 선을 맞춘다.

13 오므려서 머리를 왼쪽 방향으로 돌려요.

16 뒷다리를 비스듬하게 뒤쪽으로 접어요. 뒤쪽도 똑같이 접어요. 이때 접은 다리의 윗선은 앞다리의 아랫선과 같은 높이가 되도록 해요.

12 계단접기를 하면서 나온 모서리를 비스듬하게 접어요.

10 앞다리와 이어지는 부분 근처에서 가늘게 계단 접기를 해요.

11 옆으로 뒤집어요.

머리

등

꼬리

뒷다리 앞다리

배

9 안쪽부터 펼쳐서 머리 부분을 평평하게 해요. 방향을 돌려요.

8 안쪽을 중심부터 펴서 아래 모서리 4곳을 안쪽으로 가늘게 넣어 접어요.

펼치면 바깥쪽 가장자리를 배 부분의 점선에 맞춰서 접어요.

다리를 가늘게 접어요.

뜬 부분을 눌러 접어요.

안 보이는 부분은 좀 어긋나거나 주름이 생겨도 괜찮아요.

남은 3곳도 같은 방법으로 접어요.

골판

1 접기선을 만들어요.

2 옆으로 뒤집어요.

3 접기선을 만들어요.

4 선대로 접어 삼각주머니를 만들어요.

삼각주머니 접는 모습.

접은 모습.

5 반을 접어요.

6 오른쪽 모서리를 1장만 왼쪽으로 나오게 접어요.

7 오른쪽 모서리를 1장만 좀 더 간격을 벌려서 접어요.

8 옆으로 뒤집어요

9 왼쪽 모서리를 1장만 조금 간격을 두고 접어요.

10 왼쪽 모서리를 좀 더 간격을 벌려서 접어요.

11 아래 모서리가 뜬 곳을 눌러서 조금 접어요.

12 옆으로 뒤집어요.

17 **16**에서 접은 위쪽 가장자리를 따라서 바깥쪽으로 접어요. 반대쪽도 똑같이 접어요.

몸통
완성!

골판
완성!

조립

1 몸통 등에 있는 틈에 골판을 조금 커브를 만들면서 넣어요. 오른쪽, 왼쪽 어느 방향이든 상관없어요.

몸통

골판

넣는 모습.

완성!

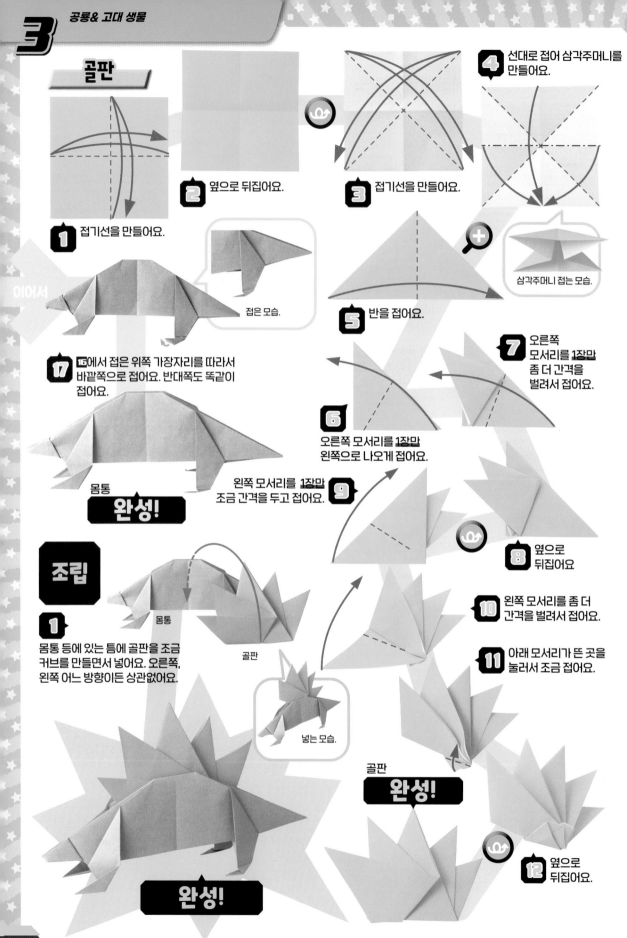

조금 어려움

브라키오사우루스

준비물
색종이 1장

목이 길고 커다란 공룡으로 유명해요.
머리끝부터 꼬리까지 길이가 25미터나 됐다고 해요.

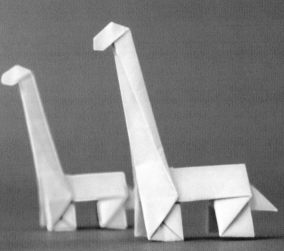

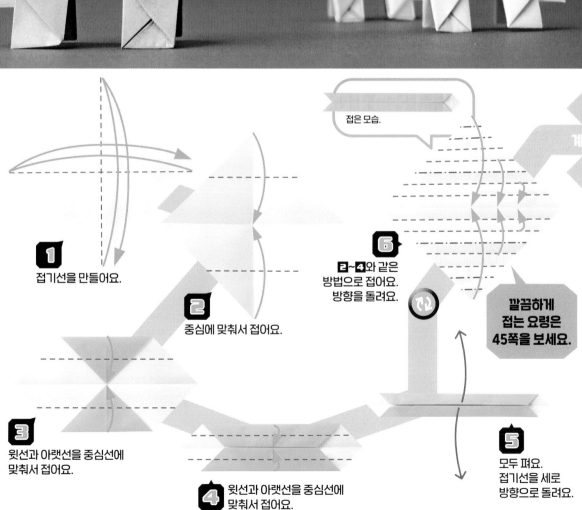

1
접기선을 만들어요.

2
중심에 맞춰서 접어요.

3
윗선과 아랫선을 중심선에
맞춰서 접어요.

4
윗선과 아랫선을 중심선에
맞춰서 접어요.

5
모두 펴요.
접기선을 세로
방향으로 돌려요.

6
2~4와 같은
방법으로 접어요.
방향을 돌려요.

접은 모습.

계속

깔끔하게
접는 요령은
45쪽을 보세요.

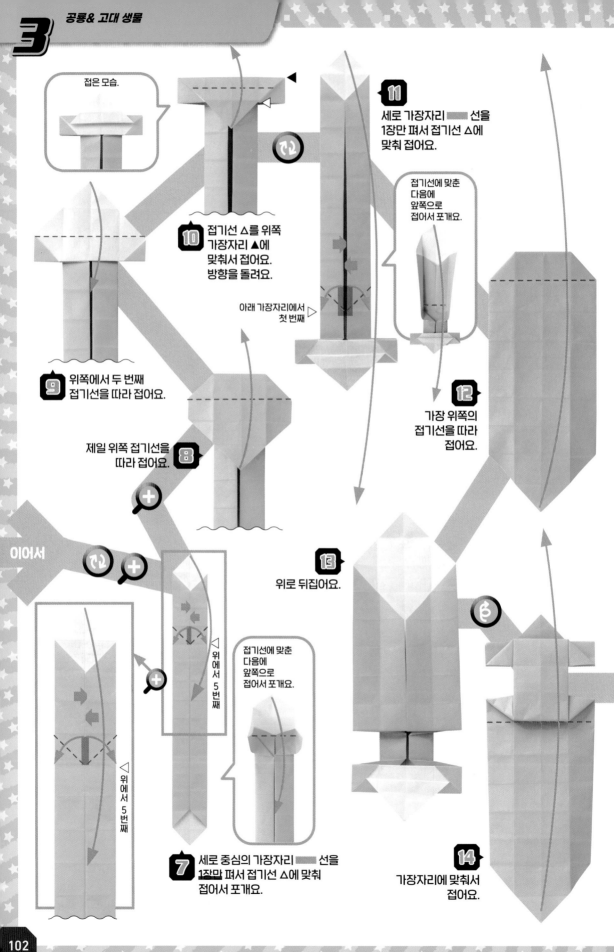

접은 모습.

10 접기선 △를 위쪽 가장자리 ▲에 맞춰서 접어요. 방향을 돌려요.

11 세로 가장자리 ▬ 선을 1장만 펴서 접기선 △에 맞춰 접어요.

접기선에 맞춘 다음에 앞쪽으로 접어서 포개요.

아래 가장자리에서 ▷ 첫 번째

9 위쪽에서 두 번째 접기선을 따라 접어요.

8 제일 위쪽 접기선을 따라 접어요.

12 가장 위쪽의 접기선을 따라 접어요.

이어서

위에서 5번째 ◁

위에서 5번째 ◁

13 위로 뒤집어요.

접기선에 맞춘 다음에 앞쪽으로 접어서 포개요.

7 세로 중심의 가장자리 ▬ 선을 1장만 펴서 접기선 △에 맞춰 접어서 포개요.

14 가장자리에 맞춰서 접어요.

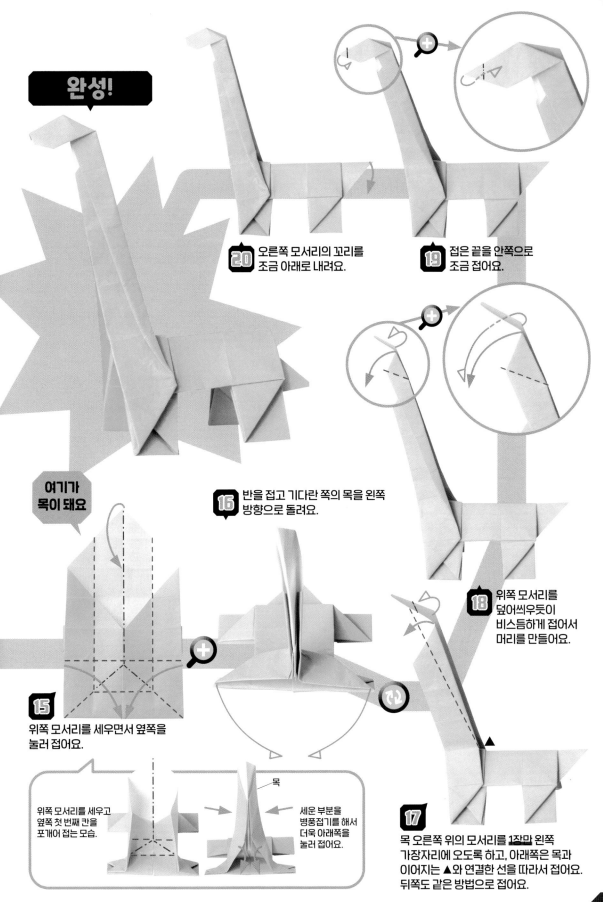

완성!

20 오른쪽 모서리의 꼬리를
조금 아래로 내려요.

19 접은 끝을 안쪽으로
조금 접어요.

여기가
목이 돼요

16 반을 접고 기다란 쪽의 목을 왼쪽
방향으로 돌려요.

18 위쪽 모서리를
덮어씌우듯이
비스듬하게 접어서
머리를 만들어요.

15
위쪽 모서리를 세우면서 옆쪽을
눌러 접어요.

위쪽 모서리를 세우고
옆쪽 첫 번째 칸을
포개어 접는 모습.

목

세운 부분을
병풍접기를 해서
더욱 아래쪽을
눌러 접어요.

17
목 오른쪽 위의 모서리를 1장만 왼쪽
가장자리에 오도록 하고, 아래쪽은 목과
이어지는 ▲와 연결한 선을 따라서 접어요.
뒤쪽도 같은 방법으로 접어요.

안킬로사우루스

준비물
색종이 1장

울퉁불퉁한 거북이 등딱지 같은 등이 특징이며
망치 같은 꼬리를 무기로 사용해서 육식 동물에게서
몸을 지켰다고 해요.

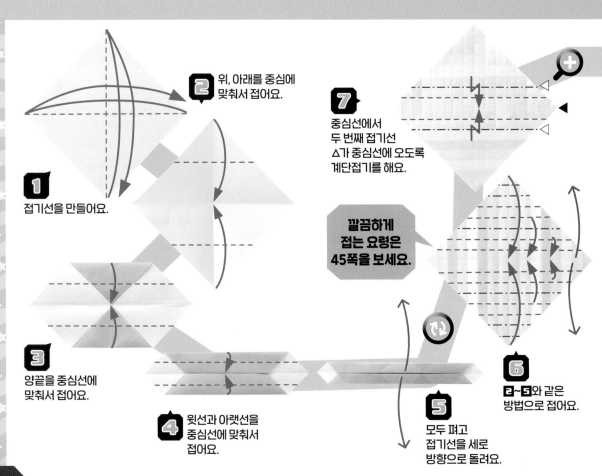

1 접기선을 만들어요.

2 위, 아래를 중심에 맞춰서 접어요.

3 양끝을 중심선에 맞춰서 접어요.

4 윗선과 아랫선을 중심선에 맞춰서 접어요.

5 모두 펴고 접기선을 세로 방향으로 돌려요.

6 **2~5**와 같은 방법으로 접어요.

7 중심선에서 두 번째 접기선 △가 중심선에 오도록 계단접기를 해요.

깔끔하게 접는 요령은 45쪽을 보세요.

뒤로 접는 모습.

11 계단접기한 곳을 위, 아래 접기선을 따라서 뒤쪽으로 접고, 뜬 부분은 세로로 눌러 접어요.

꼬리를 반으로 접어서 세우는 모습.

세로로 눌러 접은 모습.

10 오른쪽 위 모서리 ☆의 왼쪽 접기선 △를 접기선 ▲에 맞춰서 계단접기를 해요.

12 오른쪽 꼬리를 반으로 접으면서 세우고 하얀 부분을 세로로 접어서 포개요.

여기가 꼬리가 돼요.

9 왼쪽 위 모서리 ☆의 왼쪽 접기선 △를 오른쪽 접기선 ▲에 맞춰서 계단접기를 해요.

13 위, 아래를 첫 번째 접기선을 따라서 접고 ➡를 넣어 접어요.

접기선을 따라 살짝 접은 모습.

아래 ➡를 조금 넣어 접은 모습.

여기가 다리가 돼요.

그대로 눌러 접은 모습. 위쪽도 같은 방법으로 접어요.

8 중심에서 세 번째 접기선을 따라서 접어요.

14 만들어진 모서리를 앞쪽으로 세워요.

16 꼬리 끝을 네모나게 펼쳐서 눌러 접어요.

꼬리를 옆쪽 방향으로 돌려요.

15 꼬리가 시작되는 부분을 뒤쪽으로 접고 옆쪽 방향으로 돌리면서 □에서 맞춰 놓은 중심의 모서리를 사선으로 접어요. 위로 뒤집어요.

떠 있는 가운데 모서리를 접은 모습.

17 왼쪽의 머리를 목 시작 부분부터 접기선을 따라서 계단접기를 해요.

접은 다음 자연스럽게 두고, 머리를 조금 아래로 눌러서 모양을 접어요.

완성!

105

어려움

하늘을 나는 고대 생명체예요.
익룡이라고도 하는데 커다란
부리와 머리 뒤쪽에
커다란 볏이 정말 멋져요.

프테라노돈

준비물
색종이 1장

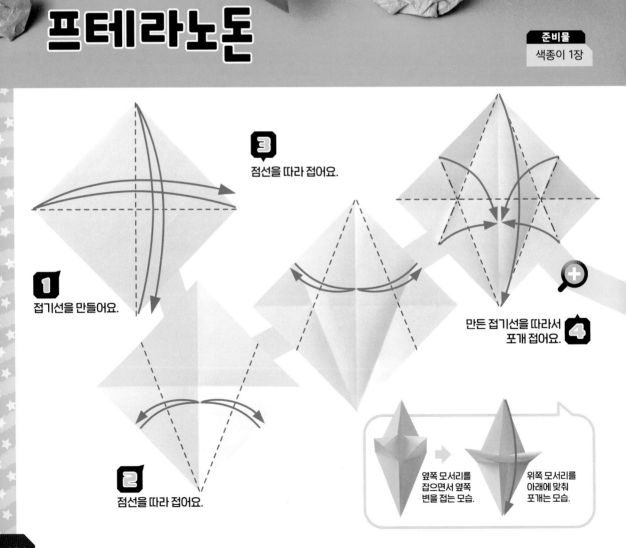

1 접기선을 만들어요.

3 점선을 따라 접어요.

2 점선을 따라 접어요.

4 만든 접기선을 따라서 포개 접어요.

옆쪽 모서리를 잡으면서 옆쪽 변을 접는 모습.

위쪽 모서리를 아래에 맞춰 포개는 모습.

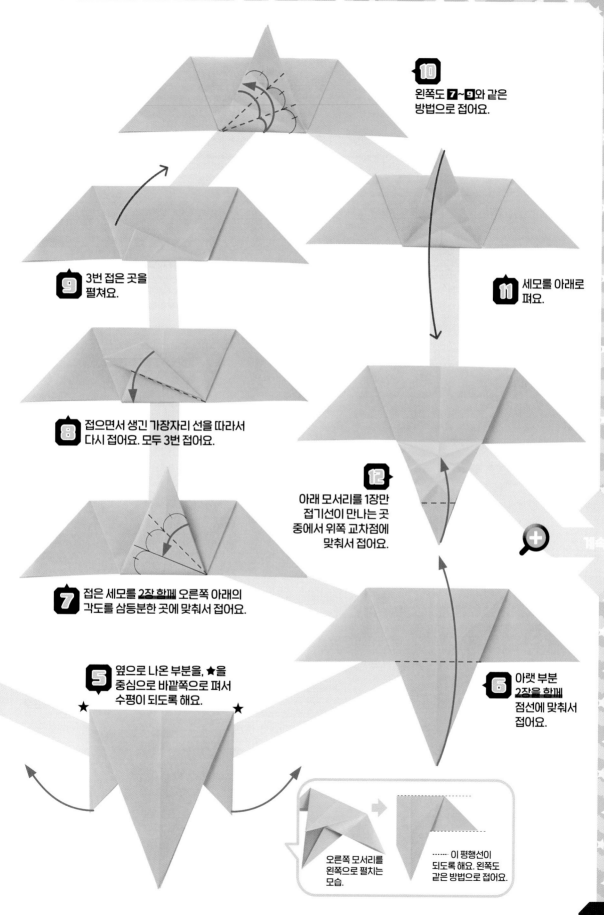

10 왼쪽도 **7**~**9**와 같은 방법으로 접어요.

9 3번 접은 곳을 펼쳐요.

8 접으면서 생긴 가장자리 선을 따라서 다시 접어요. 모두 3번 접어요.

11 세모를 아래로 펴요.

12 아래 모서리를 1장만 접기선이 만나는 곳 중에서 위쪽 교차점에 맞춰서 접어요.

7 접은 세모를 2장 함께 오른쪽 아래의 각도를 삼등분한 곳에 맞춰서 접어요.

5 옆으로 나온 부분을, ★을 중심으로 바깥쪽으로 펴서 수평이 되도록 해요.

6 아랫부분 2장을 함께 점선에 맞춰서 접어요.

계속

오른쪽 모서리를 왼쪽으로 펼치는 모습.

┈┈┈┈ 이 평행선이 되도록 해요. 왼쪽도 같은 방법으로 접어요.

날개를 앞쪽과 뒤쪽으로
접어서 평평하게 해요.

 뒤쪽 모서리를
세모로 넣어 접어요.

완성!

이어서

포개서 접은 모습.

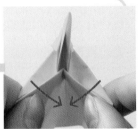

중심의 산접기 모서리가 부리
사이에 들어가도록 해요.

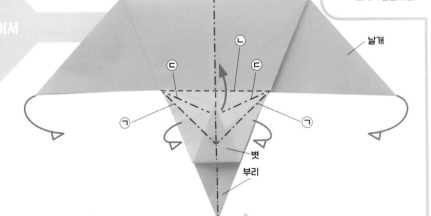

날개

ㄴ

ㄷ   ㄷ

ㄱ   ㄱ

벗

부리

13 7~11에서 만든 접기선을 사용해서
그림대로 접어 포개요. 부리를
왼쪽 방향으로 돌려요.

중심에서 살짝 산접기하면서
ㄴ의 접힌 부분을 잡고
가장자리와 나란히 접기선 ㄷ를
따라서 접어요. 부리는 앞쪽을
향하게 해요.

조금 어렵지만 옆에
순서 사진을 보면서
한번 접어 보세요.
아자아자!

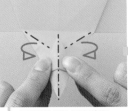

세모 끝을 조금 산접기해요.

아래 사선 접기선 ㄱ을 잡아서
산접기해요.

방향을 바꿔서 연결 부분까지
접어서 ㄴ을 조금 접어서 세워요.

수장룡 엘라스모사우루스

준비물
색종이 1장

엘라스모사우루스는 목이 길고 앞뒤 지느러미를
사용해 바닷속을 헤엄쳤던 공룡이에요.
크기를 다양하게 만들어 수장룡 가족을 만들어도 좋겠지요.

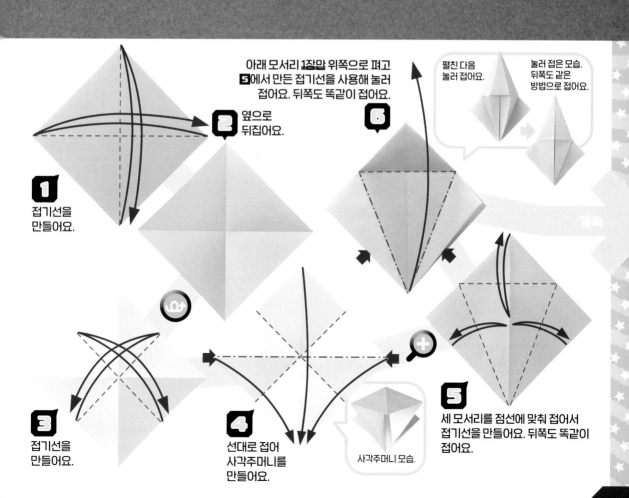

아래 모서리 1장만 위쪽으로 펴고
5에서 만든 접기선을 사용해 눌러
접어요. 뒤쪽도 똑같이 접어요.

펼친 다음
눌러 접어요.

눌러 접은 모습.
뒤쪽도 같은
방법으로 접어요.

2 옆으로
뒤집어요.

6

1 접기선을
만들어요.

3 접기선을
만들어요.

4 선대로 접어
사각주머니를
만들어요.

사각주머니 모습.

5 세 모서리를 점선에 맞춰 접어서
접기선을 만들어요. 뒤쪽도 똑같이
접어요.

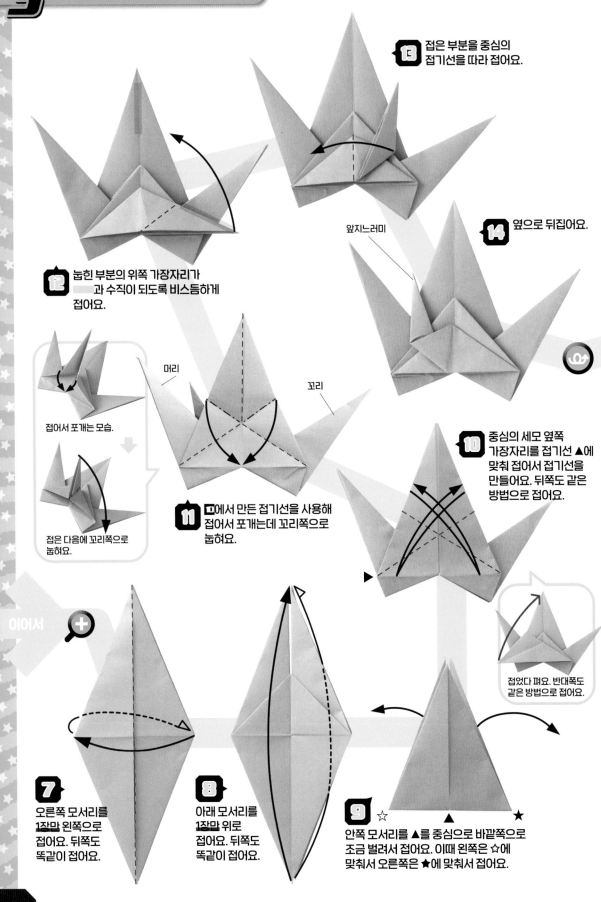

13 접은 부분을 중심의 접기선을 따라 접어요.

14 옆으로 뒤집어요.

앞지느러미

12 눕힌 부분의 위쪽 가장자리가 ▨ 과 수직이 되도록 비스듬하게 접어요.

접어서 포개는 모습.

접은 다음에 꼬리쪽으로 눕혀요.

머리

꼬리

11 ▨에서 만든 접기선을 사용해 접어서 포개는데 꼬리쪽으로 눕혀요.

10 중심의 세모 옆쪽 가장자리를 접기선 ▲에 맞춰 접어서 접기선을 만들어요. 뒤쪽도 같은 방법으로 접어요.

이어서

접었다 펴요. 반대쪽도 같은 방법으로 접어요.

7 오른쪽 모서리를 1장만 왼쪽으로 접어요. 뒤쪽도 똑같이 접어요.

8 아래 모서리를 1장만 위로 접어요. 뒤쪽도 똑같이 접어요.

9 ☆ ▲ ★
안쪽 모서리를 ▲를 중심으로 바깥쪽으로 조금 벌려서 접어요. 이때 왼쪽은 ☆에 맞춰서 오른쪽은 ★에 맞춰서 접어요.

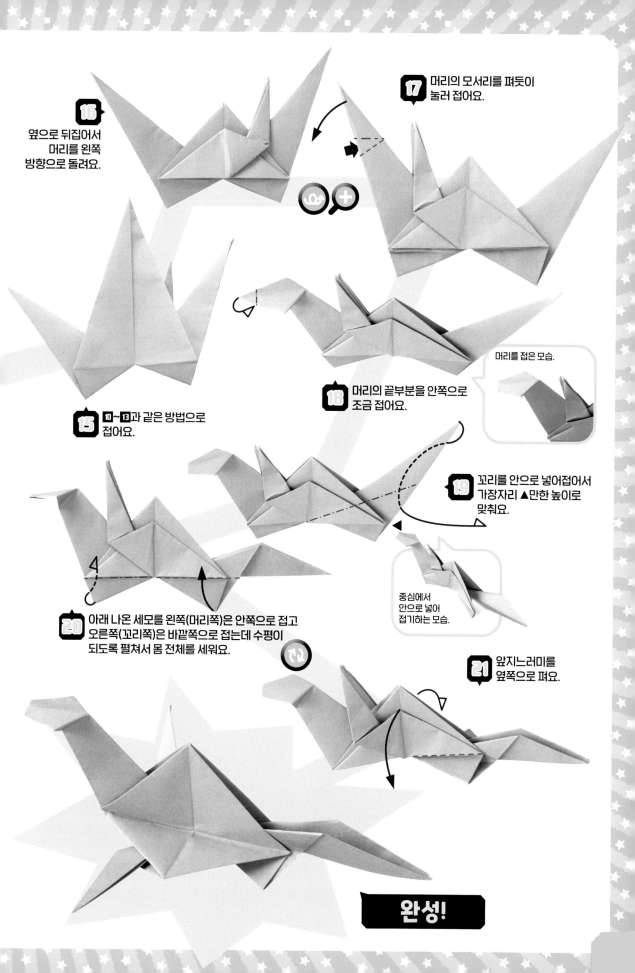

16 옆으로 뒤집어서 머리를 왼쪽 방향으로 돌려요.

17 머리의 모서리를 펴듯이 눌러 접어요.

머리를 접은 모습.

18 머리의 끝부분을 안쪽으로 조금 접어요.

15 10~13과 같은 방법으로 접어요.

19 꼬리를 안으로 넣어접어서 가장자리 ▲만한 높이로 맞춰요.

중심에서 안으로 넣어 접기하는 모습.

20 아래 나온 세모를 왼쪽(머리쪽)은 안쪽으로 접고 오른쪽(꼬리쪽)은 바깥쪽으로 접는데 수평이 되도록 펼쳐서 몸 전체를 세워요.

21 앞지느러미를 옆쪽으로 펴요.

완성!

아노말로카리스는 '이상한 새우'라는
뜻으로 바다에 살았던 고대 생물이에요.
몸통에 날개처럼 생긴 엽을 이용해서
헤엄쳐요. 주둥이 끝에는 돌기가 달렸고
지느러미같이 생긴 꼬리가 있어요.

준비물
색종이 1장

아노말로카리스

놀이법

끝을 잡고 흔들며 몸이 꿈틀꿈틀
움직여요.

깔끔하게
접는 요령은
45쪽을 보세요.

1 접기선을 만들어요.

2 위, 아래를 중심에
맞춰서 접어요.

접은 다음에 방향을 돌린다.

6 **2**~**4**와 같은
방법으로 접어요.
방향을 돌려요.

3 윗선과 아랫선을 중심선에
맞춰서 접어요.

4 윗선과 아랫선을 중심선에
맞춰서 접어요.

5 모두 펴세요.
접기선을 세로
방향으로 돌려요.

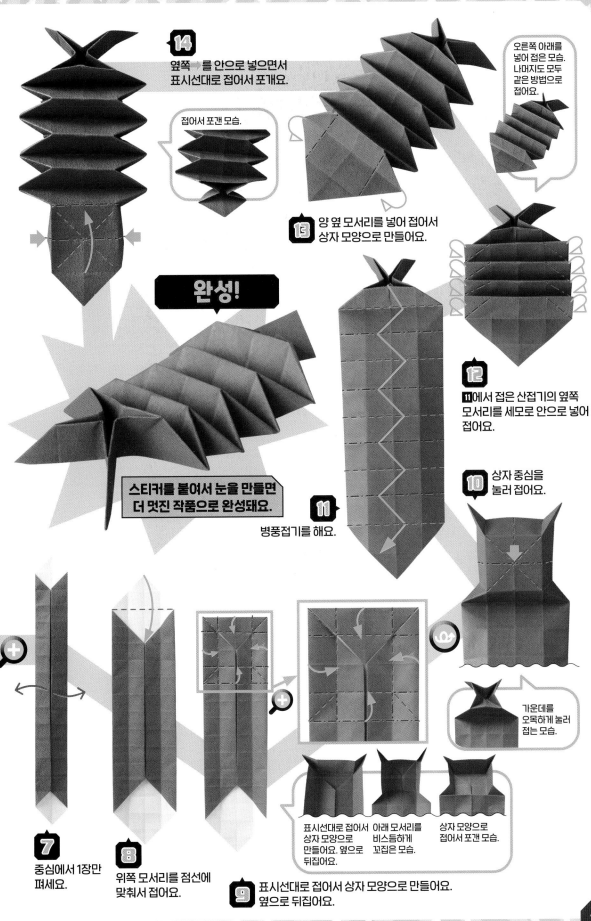

14 옆쪽 ➡를 안으로 넣으면서
표시선대로 접어서 포개요.

접어서 포갠 모습.

오른쪽 아래를
넣어 접은 모습.
나머지도 모두
같은 방법으로
접어요.

13 양 옆 모서리를 넣어 접어서
상자 모양으로 만들어요.

완성!

12 **11**에서 접은 산접기의 옆쪽
모서리를 세로로 안으로 넣어
접어요.

스티커를 붙여서 눈을 만들면
더 멋진 작품으로 완성돼요.

11 병풍접기를 해요.

10 상자 중심을
눌러 접어요.

가운데를
오목하게 눌러
접는 모습.

표시선대로 접어서
상자 모양으로
만들어요. 옆으로
뒤집어요.

아래 모서리를
비스듬하게
꼬집은 모습.

상자 모양으로
접어서 포갠 모습.

7 중심에서 1장만
펴세요.

8 위쪽 모서리를 점선에
맞춰서 접어요.

9 표시선대로 접어서 상자 모양으로 만들어요.
옆으로 뒤집어요.

113

파트 4

탈 것

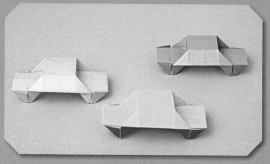

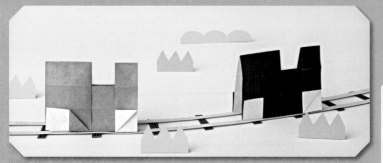

종이접기로 만든 비행기, 로켓, 자동차는
모두 장난감처럼 가지고 놀 수 있어요.
스티커를 붙이거나 펜으로 무늬를 그려서
세상에서 하나뿐인 멋진 작품을 완성해 보세요.

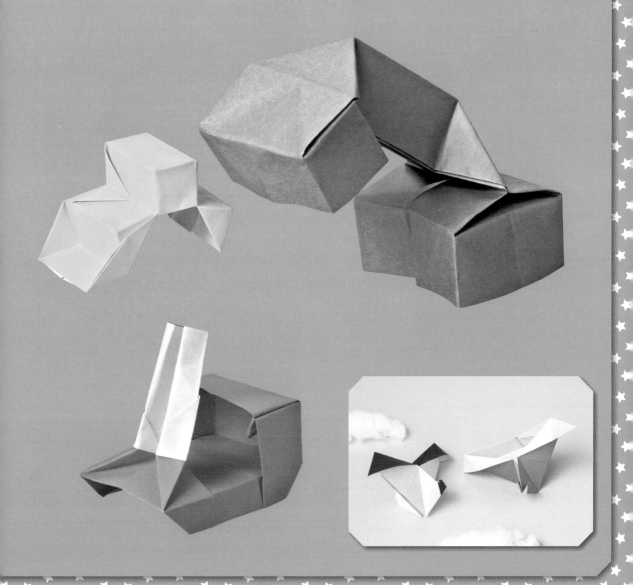

곡예 비행기

뒤쪽의 꼬리 날개를 위에서 아래쪽으로 튕기면 빙그르르
돌며 날아요. 마치 곡예비행을 하는 비행기처럼요.
얼마나 높이 날아오르는지 겨뤄 보는 것도 재미있겠네요.

준비물
색종이 1장

소리가 나는
놀이법

비행기 앞쪽과 꼬리 날개를 잡고 접었다가
폈다가 하면 펄럭펄럭 소리가 나요.

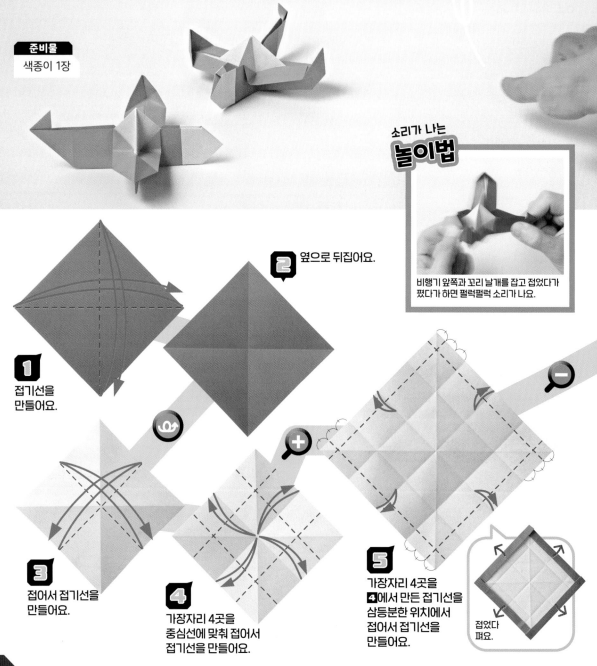

2 옆으로 뒤집어요.

1
접기선을
만들어요.

3
접어서 접기선을
만들어요.

4
가장자리 4곳을
중심선에 맞춰 접어서
접기선을 만들어요.

5
가장자리 4곳을
4에서 만든 접기선을
삼등분한 위치에서
접어서 접기선을
만들어요.

접었다
펴요.

접기선 △와
▲이 이어져요.

오른쪽 모서리

9 위로
뒤집어요.

8
왼쪽을 접기선이
만나는 곳 O을 잇는
선을 따라서 접어요.

10 5에서 만든
접기선을 따라
접고 오른쪽 모서리는
세모로 세워요.

모서리를 잡아요.

11
표시선대로 접어 십자가
모양이 되도록 해요.

중심이 앞쪽으로 나오도록
조금씩 눌러 접어요

7
옆으로
뒤집어요.

넣어 접는 모습

눌러 접은 모습.

꼬리 날개

앞

날개

12 오른쪽 아래로 나온 모서리를
안으로 넣어 접어요.

6
5에서 만든
접기선이 서로
만나는 곳에서
위, 아래 모서리를
접어요.

접기선 △와 ▲가
이어져요.

날개 앞쪽을 반으로
접은 모습.

완성!

날개 뒤쪽을 접은 모습.

13 날개 높이를 반으로
접어 옆으로 펴요.

날개 끝은 세모로
접어요.

한쪽 날개를 접은 모습.
나머지도 같은 방법으로
접어요.

14 꼬리 날개를 조금 눌러
둥글게 모양을 잡아요.

헬리콥터

앞, 뒤를 잡고 재빠르게 앞뒤로 움직이면 펄럭펄럭
소리를 내며 프로펠러가 움직여요. 하늘을 나는
헬리콥터처럼 가지고 놀 수 있어요.

준비물
색종이 1장

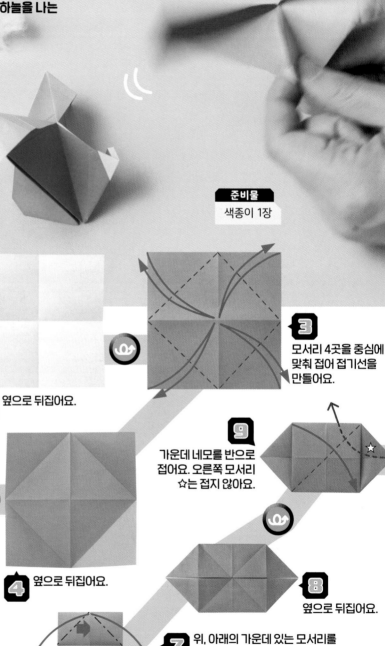

1 접기선을 만들어요.

2 옆으로 뒤집어요.

3 모서리 4곳을 중심에 맞춰 접어 접기선을 만들어요.

5 중심선에 맞춰서 접어요.

4 옆으로 뒤집어요.

9 가운데 네모를 반으로 접어요. 오른쪽 모서리 ☆는 접지 않아요.

8 옆으로 뒤집어요.

6 위, 아래를 중심선에 맞춰 접고 접기선을 만들어요.

7 위, 아래의 가운데 있는 모서리를 바깥쪽으로 펴서 눌러 접어요.

바깥쪽으로 편 모습.

눌러 접은 모습. 아래도 같은 방법으로 접어요.

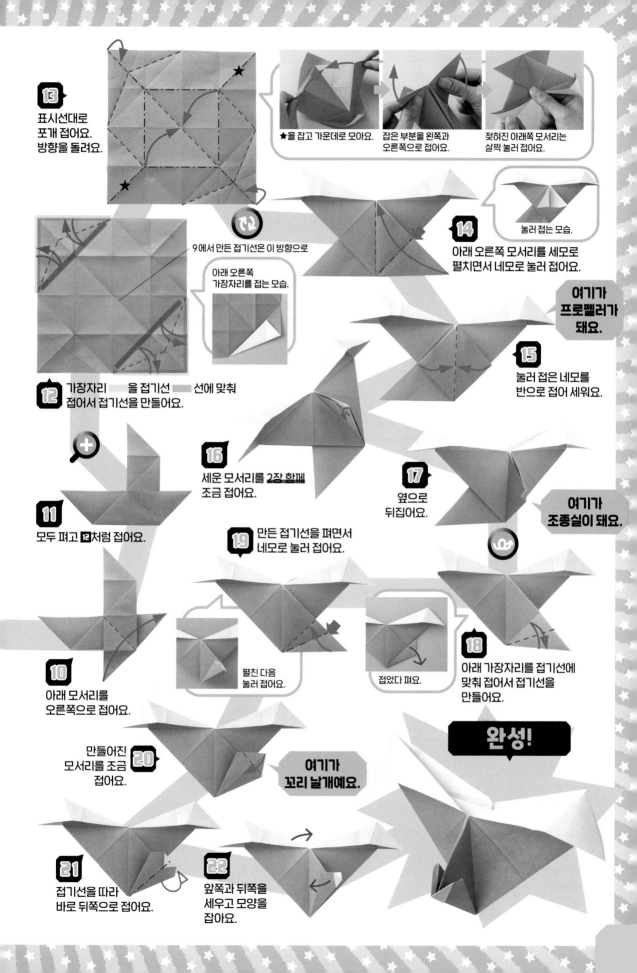

13
표시선대로
포개 접어요.
방향을 돌려요.

★을 잡고 가운데로 모아요.

잡은 부분을 왼쪽과
오른쪽으로 접어요.

젖혀진 아래쪽 모서리는
살짝 눌러 접어요.

눌러 접는 모습.

14
아래 오른쪽 모서리를 세모로
펼치면서 네모로 눌러 접어요.

9에서 만든 접기선은 이 방향으로

아래 오른쪽
가장자리를 접는 모습.

여기가
프로펠러가
돼요.

15
눌러 접은 네모를
반으로 접어 세워요.

12
가장자리　　　을 접기선　　　선에 맞춰
접어서 접기선을 만들어요.

16
세운 모서리를 2장 함께
조금 접어요.

17
옆으로
뒤집어요.

여기가
조종실이 돼요.

11
모두 펴고 **12**처럼 접어요.

19
만든 접기선을 펴면서
네모로 눌러 접어요.

펼친 다음
눌러 접어요.

접었다 펴요.

18
아래 가장자리를 접기선에
맞춰 접어서 접기선을
만들어요.

10
아래 모서리를
오른쪽으로 접어요.

완성!

만들어진
모서리를 조금
접어요.

20

여기가
꼬리 날개예요.

21
접기선을 따라
바로 뒤쪽으로 접어요.

22
앞쪽과 뒤쪽을
세우고 모양을
잡아요.

피융 로켓

귀여운 미니 로켓이에요. 힘차게 날리면서
얼마만큼 높이 올라가는지 친구들과
겨뤄봐도 재미있어요.

준비물
색종이 1장

놀이법

위로 쏘아 올리기
옆을 포개서 위를 향하게 잡고 아래쪽
끄트머리를 잡은 손가락을 미끄러지듯이
놓으면서 힘껏 위로 쏘아 올려요.

옆으로 쏘기
위로 쏘아 올릴 때와 같은 방법으로 잡는데
이번에는 옆을 향하게 잡고 쏘면서 놀아요.
얼마만큼 멀리 날아갔는지 한눈에 알 수
있어요.

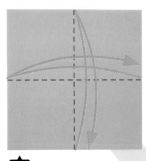

1 접기선을 만들어요.

3 접어서 접기선을
만들어요.

2 옆으로
뒤집어요.

4 선대로 접어
삼각주머니를
만들어요.

삼각주머니
접는 모습.

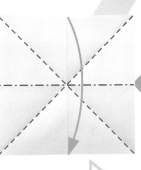

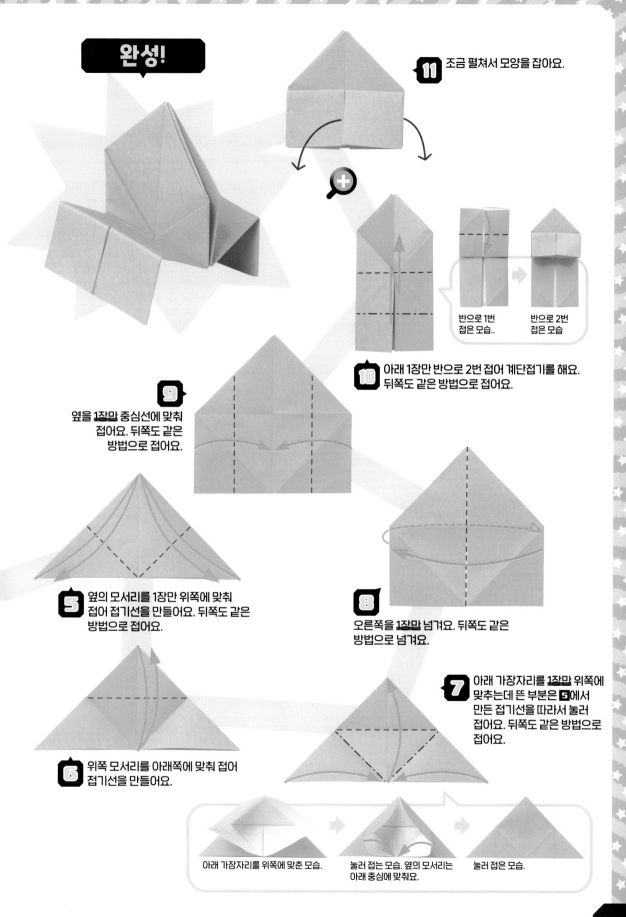

완성!

11 조금 펼쳐서 모양을 잡아요.

반으로 1번
접은 모습..

반으로 2번
접은 모습

10 아래 1장만 반으로 2번 접어 계단접기를 해요.
뒤쪽도 같은 방법으로 접어요.

9 옆을 1장만 중심선에 맞춰
접어요. 뒤쪽도 같은
방법으로 접어요.

5 옆의 모서리를 1장만 위쪽에 맞춰
접어 접기선을 만들어요. 뒤쪽도 같은
방법으로 접어요.

8 오른쪽을 1장만 넘겨요. 뒤쪽도 같은
방법으로 넘겨요.

7 아래 가장자리를 1장만 위쪽에
맞추는데 뜬 부분은 5에서
만든 접기선을 따라서 눌러
접어요. 뒤쪽도 같은 방법으로
접어요.

6 위쪽 모서리를 아래쪽에 맞춰 접어
접기선을 만들어요.

아래 가장자리를 위쪽에 맞춘 모습.

눌러 접는 모습. 옆의 모서리는
아래 중심에 맞춰요.

눌러 접은 모습.

기관차

굴뚝에서 연기를 뿜어내며 칙칙폭폭 기찻길을 달리는
기관차예요. 접기선 만드는 방법이 조금 어렵지만
힘내서 함께 만들어 봐요.

준비물
색종이 1장

1 반을 접어서 접기선을
만들어요.

2 양쪽끝을 중심선에
맞춰서 접어요.

접기선을
만든 모습.

3 위와 아래를 중심선에
맞춰서 접어요.

4 모두 펴요.
접기선을 세로
방향으로 돌려요.

8 표시선대로 접어서
접기선을 만들어요.
선을 그린 후에 접으면
접기 쉬워요. 위로
뒤집어요.

깔끔하게
접는 요령을
45쪽을 보세요.

5 1~4와 같은
방법으로 접어요.
옆으로 뒤집어요.

6 왼쪽 모서리를 두 번째 접기선에
맞춰서 접어요.

7 위로 뒤집어요.

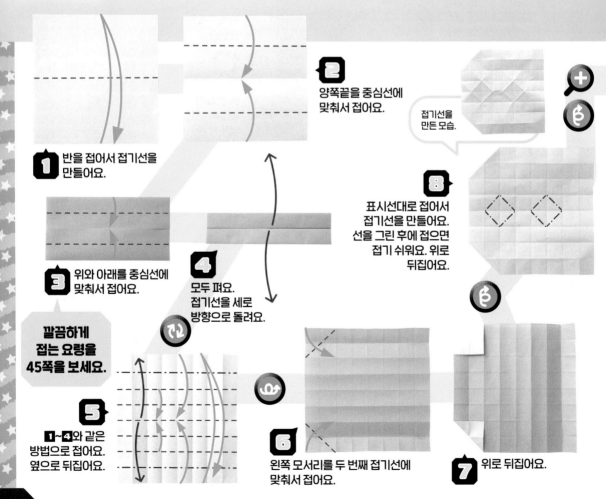

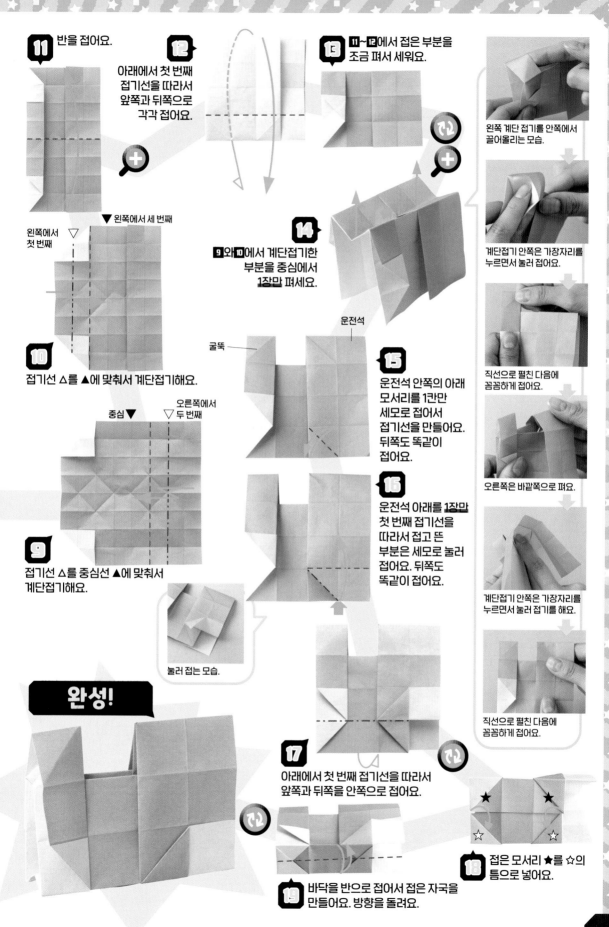

11 반을 접어요.

12 아래에서 첫 번째 접기선을 따라서 앞쪽과 뒤쪽으로 각각 접어요.

13 **11~12**에서 접은 부분을 조금 펴서 세워요.

왼쪽 계단 접기를 안쪽에서 끌어올리는 모습.

계단접기 안쪽은 가장자리를 누르면서 눌러 접어요.

직선으로 펼친 다음에 꼼꼼하게 접어요.

14 **9**와**10**에서 계단접기한 부분을 중심에서 **1장만** 펴세요.

▽ 왼쪽에서 첫 번째

▼ 왼쪽에서 세 번째

10 접기선 △를 ▲에 맞춰서 계단접기해요.

오른쪽은 바깥쪽으로 펴요.

굴뚝

운전석

15 운전석 안쪽의 아래 모서리를 1칸만 세로로 접어서 접기선을 만들어요. 뒤쪽도 똑같이 접어요.

계단접기 안쪽은 가장자리를 누르면서 눌러 접기를 해요.

중심▼ ▽ 오른쪽에서 두 번째

9 접기선 △를 중심선 ▲에 맞춰서 계단접기해요.

16 운전석 아래를 1장만 첫 번째 접기선을 따라서 접고 뜬 부분은 세로로 눌러 접어요. 뒤쪽도 똑같이 접어요.

직선으로 펼친 다음에 꼼꼼하게 접어요.

눌러 접는 모습.

완성!

17 아래에서 첫 번째 접기선을 따라서 앞쪽과 뒤쪽을 안쪽으로 접어요.

★ ★
☆ ☆

18 접은 모서리 ★를 ☆의 틈으로 넣어요.

19 바닥을 반으로 접어서 접은 자국을 만들어요. 방향을 돌려요.

자동차

도로를 쌩쌩 달리며 우리에게 가장 친숙한 교통수단인
자동차예요. 뒤쪽을 밀어서 차를 달리게 하며 놀아요.
옆쪽 창문에 자동차에 탄 사람을 그려도 재미있어요.

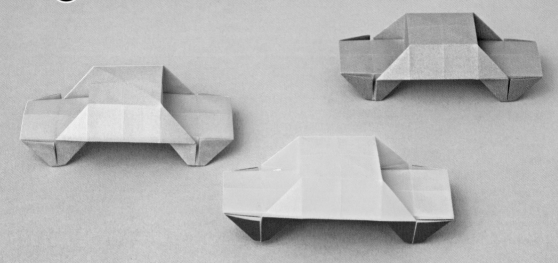

준비물
색종이 1장

1 반을 접어서 접기선을 만들어요.

놀이법

손가락으로
엄지손가락과 집게손가락으로 원을
만들어서 튕기면 자동차가 쌩쌩 달려요.

펜으로
노크식 펜 중에서 옆에 다시 돌려놓는
버튼이 달린 제품을 사용해 놀아요. 노크를
누르고 종이접기 자동차의 뒤쪽에 대고,
볼펜 옆의 버튼을 누르면 그 힘으로
자동차가 달려요.

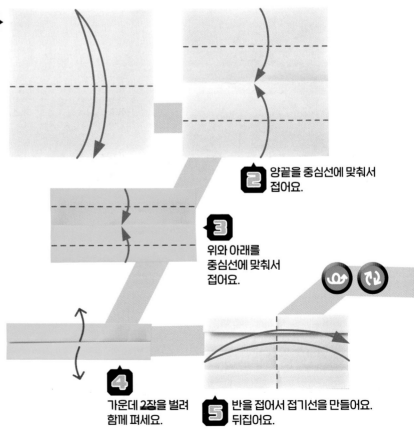

2 양끝을 중심선에 맞춰서
접어요.

3 위와 아래를
중심선에 맞춰서
접어요.

4 가운데 2장을 벌려
함께 펴세요.

5 반을 접어서 접기선을 만들어요.
뒤집어요.

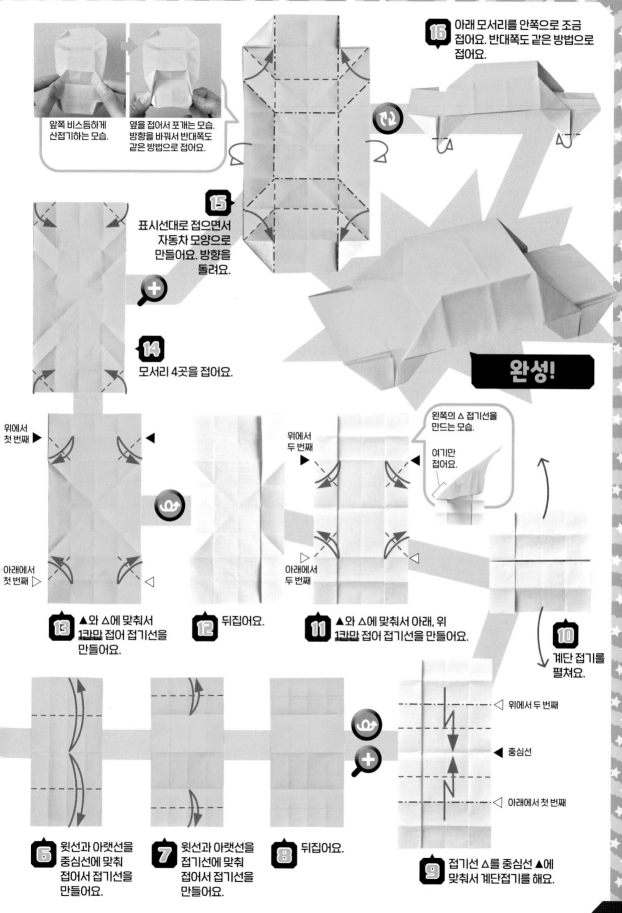

앞쪽 비스듬하게 산접기하는 모습.

옆을 접어서 포개는 모습. 방향을 바꿔서 반대쪽도 같은 방법으로 접어요.

16 아래 모서리를 안쪽으로 조금 접어요. 반대쪽도 같은 방법으로 접어요.

15 표시선대로 접으면서 자동차 모양으로 만들어요. 방향을 돌려요.

14 모서리 4곳을 접어요.

완성!

왼쪽의 △ 접기선을 만드는 모습.

여기만 접어요.

위에서 첫 번째

아래에서 첫 번째

위에서 두 번째

아래에서 두 번째

13 ▲와 △에 맞춰서 1칸만 접어 접기선을 만들어요.

12 뒤집어요.

11 ▲와 △에 맞춰서 아래, 위 1칸만 접어 접기선을 만들어요.

10 계단 접기를 펼쳐요.

위에서 두 번째

중심선

아래에서 첫 번째

6 윗선과 아랫선을 중심선에 맞춰 접어서 접기선을 만들어요.

7 윗선과 아랫선을 접기선에 맞춰 접어서 접기선을 만들어요.

8 뒤집어요.

9 접기선 △를 중심선 ▲에 맞춰서 계단접기를 해요.

중장비 차

포클레인

사다리차

불도저

늠름한 모습의 중장비 차를 종이접기로 만들어 볼 거예요.
공사 현장에서 사용하는 불도저와 포클레인, 높은 곳에 올라갈 때
사용하는 사다리차예요. 모두 재미있게 가지고 놀 수 있어요.

놀이법

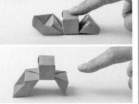

불도저
가운데를 꾹 눌렀다가 손가락을 떼면
뿅하고 조금 앞으로 나아가요.

포클레인
뒤쪽을 눌러서 세웠다가 손가락을 떼면
삽 무게로 앞으로 고꾸라지며 조금 앞으로
나아가요.

사다리차
뒤집어 놓은 다음 운전석을 튕기듯 누르면
빙그르르 돌면서 벌떡 일어나요.

불도저

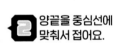
2 양끝을 중심선에
맞춰서 접어요.

1 반을 접어서 접기선을
만들어요.

72

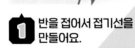
3 위와 아래를 중심선에
맞춰서 접어요.

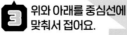

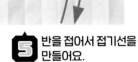
5 반을 접어서 접기선을
만들어요.

**깔끔하게
접는 요령은
45쪽을 보세요.**

4 모두 펴요. 접기선을
세로 방향으로 돌려요.

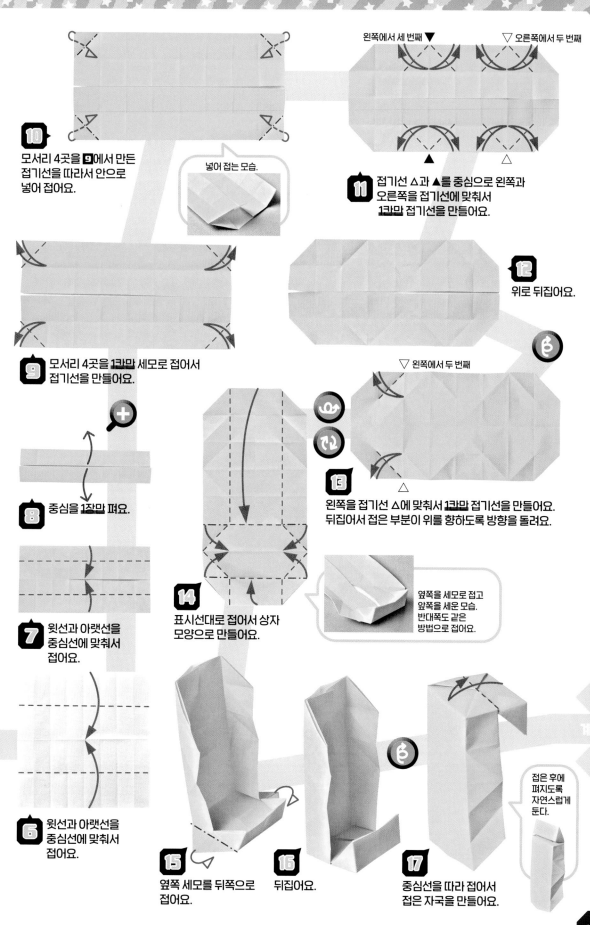

10 모서리 4곳을 **9**에서 만든 접기선을 따라서 안으로 넣어 접어요.

넣어 접는 모습.

왼쪽에서 세 번째 ▼　　　▽ 오른쪽에서 두 번째

▲　　　△

11 접기선 △과 ▲를 중심으로 왼쪽과 오른쪽을 접기선에 맞춰서 **1칸만** 접기선을 만들어요.

12 위로 뒤집어요.

9 모서리 4곳을 **1칸만** 세모로 접어서 접기선을 만들어요.

▽ 왼쪽에서 두 번째

△

13 왼쪽을 접기선 △에 맞춰서 **1칸만** 접기선을 만들어요. 뒤집어서 접은 부분이 위를 향하도록 방향을 돌려요.

8 중심을 **1장만** 펴요.

7 윗선과 아랫선을 중심선에 맞춰서 접어요.

14 표시선대로 접어서 상자 모양으로 만들어요.

옆쪽을 세모로 접고 앞쪽을 세운 모습. 반대쪽도 같은 방법으로 접어요.

6 윗선과 아랫선을 중심선에 맞춰서 접어요.

접은 후에 펴지도록 자연스럽게 둔다.

계속

15 옆쪽 세모를 뒤쪽으로 접어요.

16 뒤집어요.

17 중심선을 따라 접어서 접은 자국을 만들어요.

포클레인

1 불도저의 **1**~**5**와 같은 방법으로 접어요.

2 옆으로 뒤집어요.

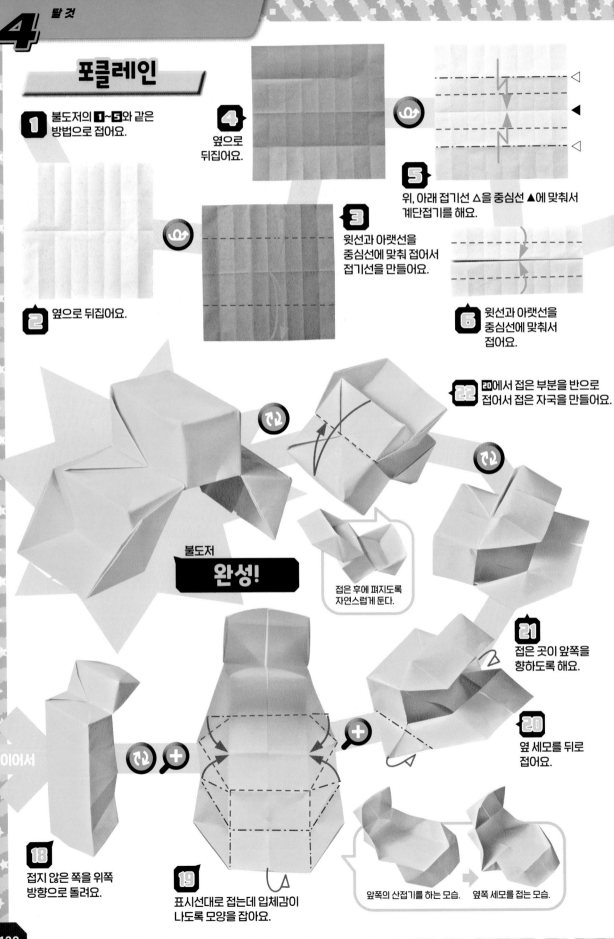

4 옆으로 뒤집어요.

3 윗선과 아랫선을 중심선에 맞춰 접어서 접기선을 만들어요.

5 위, 아래 접기선 △을 중심선 ▲에 맞춰서 계단접기를 해요.

6 윗선과 아랫선을 중심선에 맞춰서 접어요.

22 **20**에서 접은 부분을 반으로 접어서 접은 자국을 만들어요.

완성!

불도저

접은 후에 펴지도록 자연스럽게 둔다.

21 접은 곳이 앞쪽을 향하도록 해요.

20 옆 세모를 뒤로 접어요.

이어서

18 접지 않은 쪽을 위쪽 방향으로 돌려요.

19 표시선대로 접는데 입체감이 나도록 모양을 잡아요.

앞쪽의 산접기를 하는 모습.

옆쪽 세모를 접는 모습.

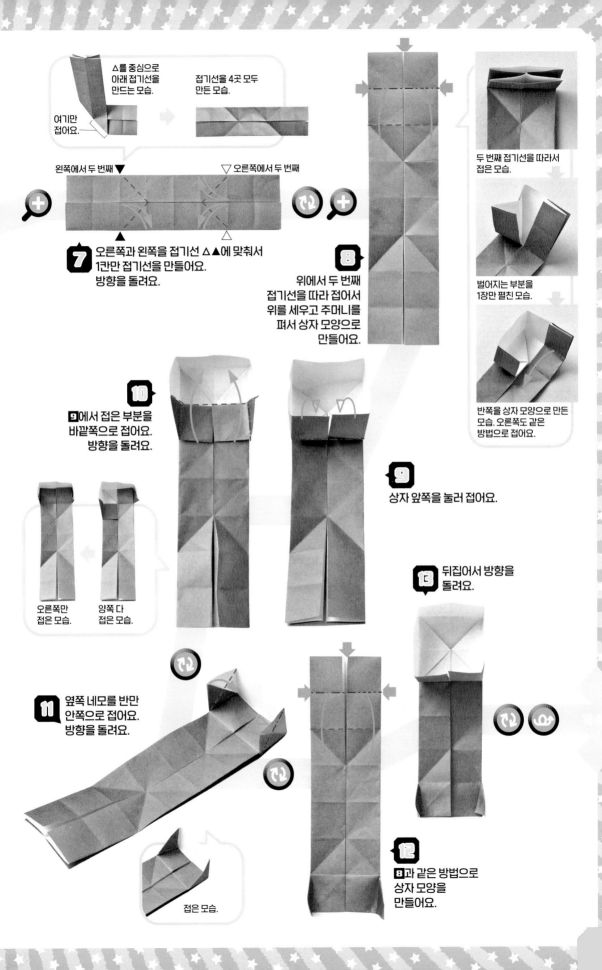

△를 중심으로
아래 접기선을
만드는 모습.

접기선을 4곳 모두
만든 모습.

여기만
접어요.

두 번째 접기선을 따라서
접은 모습.

왼쪽에서 두 번째 ▼   ▽ 오른쪽에서 두 번째

▲   △

7 오른쪽과 왼쪽을 접기선 △ ▲에 맞춰서
1칸만 접기선을 만들어요.
방향을 돌려요.

벌어지는 부분을
1장만 펼친 모습.

8 위에서 두 번째
접기선을 따라 접어서
위를 세우고 주머니를
펴서 상자 모양으로
만들어요.

반쪽을 상자 모양으로 만든
모습. 오른쪽도 같은
방법으로 접어요.

10 **9**에서 접은 부분을
바깥쪽으로 접어요.
방향을 돌려요.

9 상자 앞쪽을 눌러 접어요.

오른쪽만
접은 모습.

양쪽 다
접은 모습.

ㄷ 뒤집어서 방향을
돌려요.

11 옆쪽 네모를 반만
안쪽으로 접어요.
방향을 돌려요.

12 **8**과 같은 방법으로
상자 모양을
만들어요.

접은 모습.

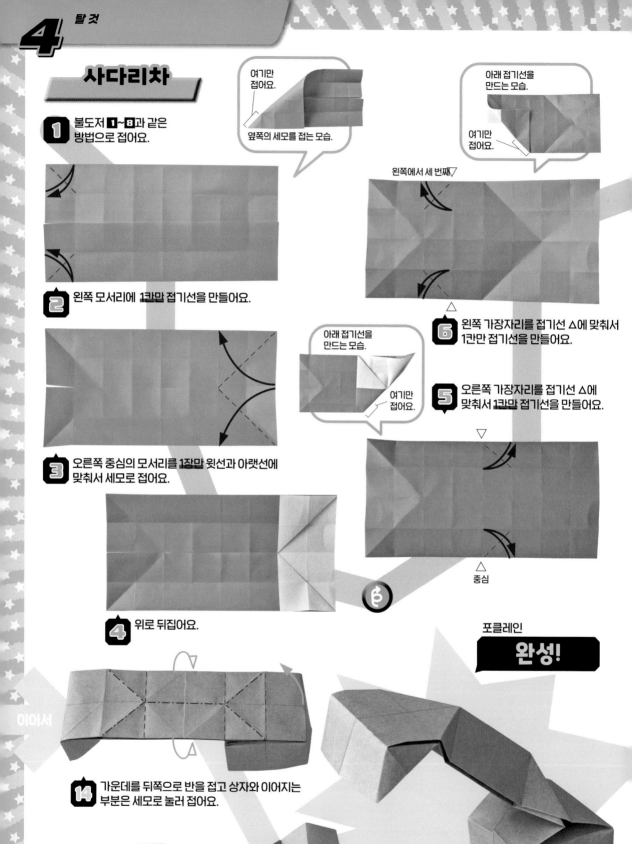

사다리차

1 불도저 **1**~**8**과 같은 방법으로 접어요.

여기만 접어요.

옆쪽의 세모를 접는 모습.

아래 접기선을 만드는 모습.

여기만 접어요.

왼쪽에서 세 번째▽

2 왼쪽 모서리에 1칸만 접기선을 만들어요.

아래 접기선을 만드는 모습.

여기만 접어요.

△

6 왼쪽 가장자리를 접기선 △에 맞춰서 1칸만 접기선을 만들어요.

5 오른쪽 가장자리를 접기선 △에 맞춰서 1칸만 접기선을 만들어요.

3 오른쪽 중심의 모서리를 1장만 윗선과 아랫선에 맞춰서 세모로 접어요.

▽

△ 중심

4 위로 뒤집어요.

포클레인

완성!

이어서

14 가운데를 뒤쪽으로 반을 접고 상자와 이어지는 부분은 세모로 눌러 접어요.

15 방향을 돌려요.

7 ⑥에서 만든 접기선을 위쪽 방향으로 돌려요.

왼쪽 위 모서리를 움푹
들어가게 하는 모습.

왼쪽을 상자 모양으로
만든 모습. 오른쪽도 같은
방법으로 접어요.

8 표시선대로 접어서
상자 모양으로 만들어요.

뒤로 접은 다음 튀어나온
모서리를 접어요.

이어진 부분부터
바깥쪽으로
접어요.

접은 모습. 오른쪽도
같은 방법으로 접어요.

9 ⑧에서 세모로 접은 부분을
① 뒤로 반을 접고
② 튀어나온 모서리를
앞쪽으로 접은 다음
③ 이어진 부분을 접어서
옆 방향으로 돌려요.

11 상자를 왼쪽
방향으로 돌려요.

10 상자를 세우고 양 옆을
뒤로 접어요.

상자를 세우는 모습.

세운 다음 옆을
접어요.

16 아래를 안쪽으로 반을 접어요. 뒤쪽도 같은 방법으로 접어요.

위를 접은 모습.
➡부터 사선으로 접어요.

앞쪽만 접은 모습. 모양이 입체적으로 바뀌어요. 반대쪽도 같은 방법으로 접어요.

양쪽을 접은 모습. 사다리는 조금 눕혀요.

조금 남겨요.

사다리차

완성!

15 오른쪽 가장자리의 앞쪽 1장만 그림처럼 접어요. 색이 바뀌는 부분은 모서리 ☆을 향해서 사선으로 접어요. 뒤쪽도 같은 방법으로 접어요.

☆

접어 포개는 모습.

이어서

여기가 사다리가 돼요.

12 왼쪽에서 첫 번째 접기선부터 비스듬하게 접고 두 번째 접기선을 따라서 세우듯이 접어요.

세운 다음 옆을 포개 접어요.

13 세운 부분이 앞쪽을 돌려요.

14 중심을 움푹 들어가게 누르면서 포개 접어요. 방향을 돌려요.

준비물
색종이 1장

자동차 경주용 서킷을 달리는 자동차를 여러 대 만들어
볼 거예요. 멋지게 스티커로 장식하는 즐거움도 있어요.

F-1카

레이싱카

F-1 카 &
레이싱카

놀이법

F-1카
뒤쪽 날개(윙)를 팅기듯이 누르면 쌩하고
앞으로 나아가요.

레이싱카 <손가락으로>
엄지손가락과 집게손가락으로 원을
만들어서 팅기세요.

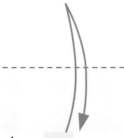
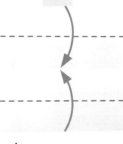

레이싱카 <펜으로>
노크식 펜 중에서 버튼이 되돌아 가는
제품을 사용해 놀아요. 노크를 누른 채
자동차의 뒤쪽에 대고, 볼펜 옆의 버튼을
누르면 노크가 되돌아 가는 힘으로
자동차가 달려요.

F-1 카

1 반을 접어서 접기선을
만들어요.

2 양 끝을 중심선에
맞춰서 접어요.

3 위와 아래를 중심선에
맞춰서 접어요.

5 반을 접어서
접기선을
만들어요.

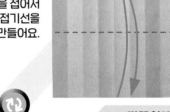

**깔끔하게
접는 요령은
45쪽을 보세요.**

4 모두 펴요.
뒤집어서
접기선을 세로
방향으로
돌려요.

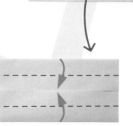

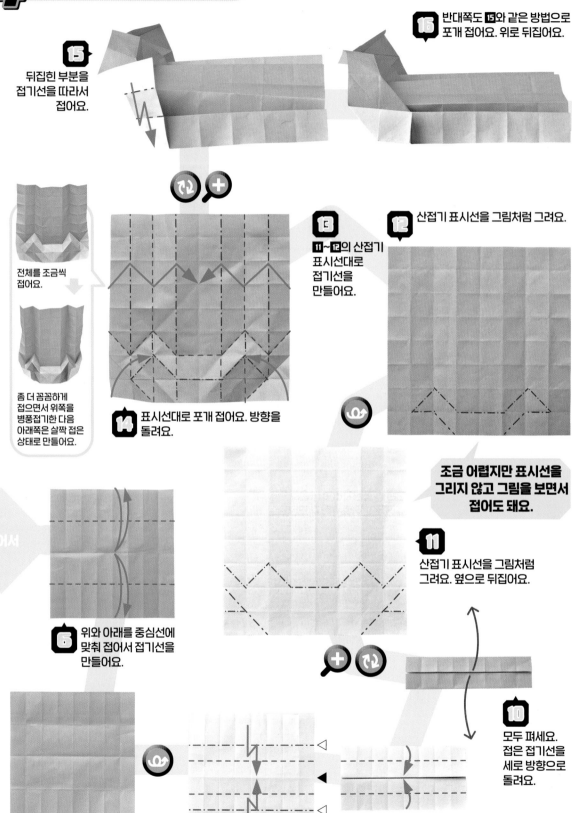

16 반대쪽도 **15**와 같은 방법으로 포개 접어요. 위로 뒤집어요.

15 뒤집힌 부분을 접기선을 따라서 접어요.

전체를 조금씩 접어요.

좀 더 꼼꼼하게 접으면서 위쪽을 병풍접기한 다음 아래쪽은 살짝 접은 상태로 만들어요.

14 표시선대로 포개 접어요. 방향을 돌려요.

13 **11**~**12**의 산접기 표시선대로 접기선을 만들어요.

12 산접기 표시선을 그림처럼 그려요.

조금 어렵지만 표시선을 그리지 않고 그림을 보면서 접어도 돼요.

11 산접기 표시선을 그림처럼 그려요. 옆으로 뒤집어요.

6 위와 아래를 중심선에 맞춰 접어서 접기선을 만들어요.

이어서

10 모두 펴세요. 접은 접기선을 세로 방향으로 돌려요.

7 옆으로 뒤집어요.

8 위, 아래 접기선 △를 중심선 ▲에 맞춰서 계단접기를 해요.

9 윗선과 아랫선을 중심선에 맞춰서 접어요.

일단 젖혀요.

펼친 부분 ♥를 띄워서
바깥쪽으로 엇갈리게 접어요.

엇갈리게 접는 모습.

♥를 안쪽으로
덮어씌우는 모습.

덮어씌운 모습. 반대쪽도 같은
방법으로 접어요.

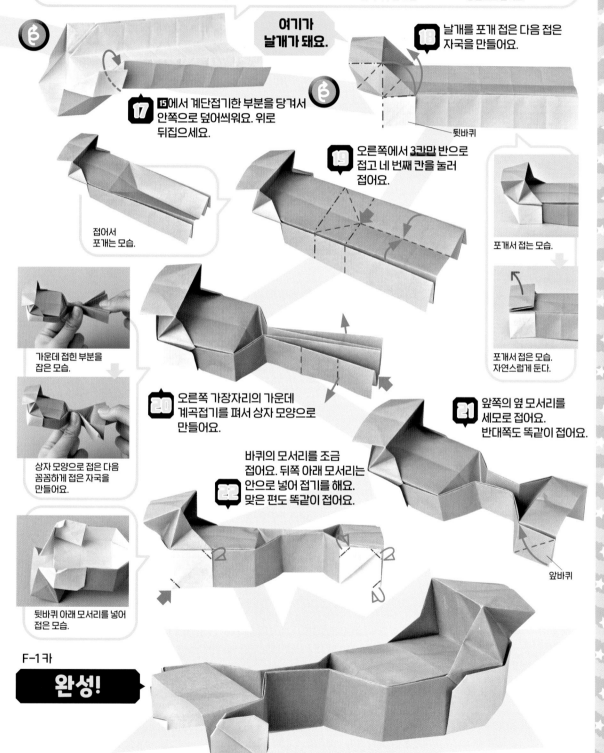

여기가
날개가 돼요.

18 날개를 포개 접은 다음 접은
자국을 만들어요.

뒷바퀴

17 **15**에서 계단접기한 부분을 당겨서
안쪽으로 덮어씌워요. 위로
뒤집으세요.

접어서
포개는 모습.

19 오른쪽에서 **3칸만** 반으로
접고 네 번째 칸을 눌러
접어요.

포개서 접는 모습.

포개서 접은 모습.
자연스럽게 둔다.

가운데 접힌 부분을
잡은 모습.

상자 모양으로 접은 다음
꼼꼼하게 접은 자국을
만들어요.

20 오른쪽 가장자리의 가운데
계곡접기를 펴서 상자 모양으로
만들어요.

21 앞쪽의 옆 모서리를
세모로 접어요.
반대쪽도 똑같이 접어요.

바퀴의 모서리를 조금
접어요. 뒤쪽 아래 모서리는
22 안으로 넣어 접기를 해요.
맞은 편도 똑같이 접어요.

앞바퀴

뒷바퀴 아래 모서리를 넣어
접은 모습.

F-1카

완성!

레이싱카

3 뒤집어요.

1 접기선을 만들어요.

2 모서리 4곳을 중심에 맞춰서 접어요.

4 옆선을 중심선에 맞춰 접어서 접기선을 만들어요.

5 윗선과 아랫선을 중심선에 맞춰서 접어요.

눌러 접는 모습.

6 양 옆 모서리를 중심에 맞춰서 세모로 눌러 접어요.

7 뒤집어요.

8 위쪽과 아래쪽을 펼치고 왼쪽 모서리를 점선대로 접어요.

9 위와 아래 모서리를 가운데 네모 가장자리에 맞춰서 접고, 중심에 남은 모서리를 접기선에 맞춰서 접어요.

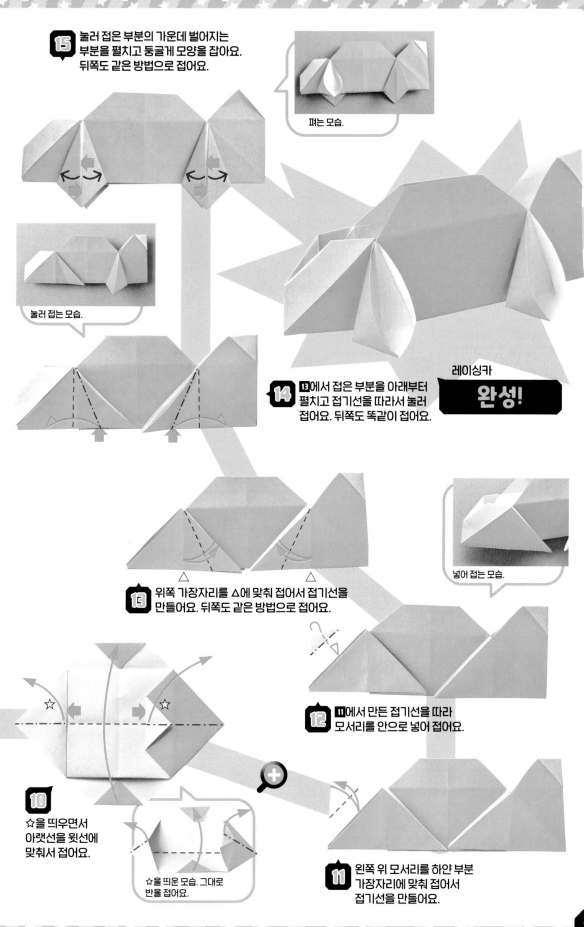

15 눌러 접은 부분의 가운데 벌어지는 부분을 펼치고 둥글게 모양을 잡아요. 뒤쪽도 같은 방법으로 접어요.

펴는 모습.

눌러 접는 모습.

14 **13**에서 접은 부분을 아래부터 펼치고 접기선을 따라서 눌러 접어요. 뒤쪽도 똑같이 접어요.

레이싱카
완성!

넣어 접는 모습.

13 위쪽 가장자리를 △에 맞춰 접어서 접기선을 만들어요. 뒤쪽도 같은 방법으로 접어요.

12 **11**에서 만든 접기선을 따라 모서리를 안으로 넣어 접어요.

10 ☆을 띄우면서 아랫선을 윗선에 맞춰서 접어요.

☆을 띄운 모습. 그대로 반을 접어요.

11 왼쪽 위 모서리를 하얀 부분 가장자리에 맞춰 접어서 접기선을 만들어요.

파트 **5**

스포츠

축구와 야구처럼 좋아하는 스포츠를 종이접기로 만들어서
즐길 수 있어요. 손가락으로 스포츠 게임을 하니까 혼자서
놀이하거나, 친구와 함께 할 수 있어요.

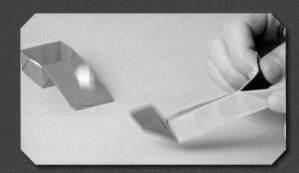

축구

공을 차면서 골대를 향해 달려가는 축구 선수, 공을 막는 골키퍼, 골대 이렇게 세 작품을 종이접기로 만들어 볼게요.

골대

골키퍼

축구 선수

준비물
- 축구 선수·골대·골키퍼 색종이 1장
- 공 색종이 조각

놀이법

축구 선수
위를 잡고 발꿈치를 뒤로 당겼다가 놓으면 힘차게 공을 차는 동작이 가능해요. 골대를 향해서 공을 차 보세요.

골키퍼
다리를 두 손으로 잡고 번갈아서 위아래로 움직이면 몸통이 옆으로 움직이면서 골대를 지키는 선수처럼 보여요.

축구 선수

1 반을 접어서 접기선을 만들어요.

2 위, 아래를 중심선에 맞춰서 접어요.

3 위와 아래를 중심선에 맞춰서 접어요.

4 모두 펼쳐요. 접기선을 세로 방향으로 돌려요.

5 제일 오른쪽 접기선을 따라서 접어요.

6 위로 뒤집어요.

깔끔하게 접는 요령은 45쪽을 보세요.

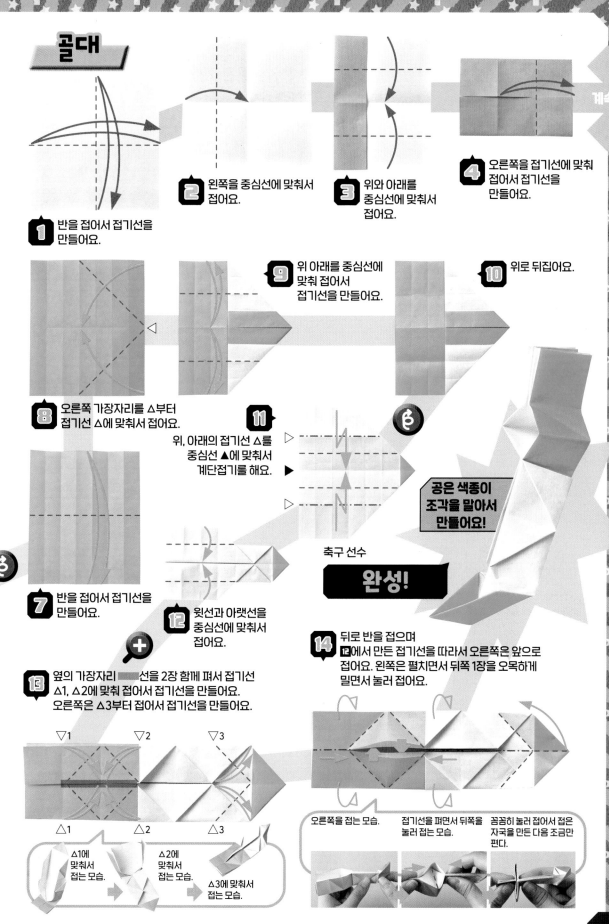

골대

계속

1 반을 접어서 접기선을 만들어요.

2 왼쪽을 중심선에 맞춰서 접어요.

3 위와 아래를 중심선에 맞춰서 접어요.

4 오른쪽을 접기선에 맞춰 접어서 접기선을 만들어요.

8 오른쪽 가장자리를 △부터 접기선 △에 맞춰서 접어요.

9 위 아래를 중심선에 맞춰 접어서 접기선을 만들어요.

10 위로 뒤집어요.

11 위, 아래의 접기선 △를 중심선 ▲에 맞춰서 계단접기를 해요.

공은 색종이 조각을 말아서 만들어요!

7 반을 접어서 접기선을 만들어요.

12 윗선과 아랫선을 중심선에 맞춰서 접어요.

축구 선수

완성!

13 옆의 가장자리 ▬ 선을 2장 함께 펴서 접기선 △1, △2에 맞춰 접어서 접기선을 만들어요. 오른쪽은 △3부터 접어서 접기선을 만들어요.

14 뒤로 반을 접으며 **12**에서 만든 접기선을 따라서 오른쪽은 앞으로 접어요. 왼쪽은 펼치면서 뒤쪽 1장을 오목하게 밀면서 눌러 접어요.

▽1 ▽2 ▽3

△1 △2 △3

△1에 맞춰서 접는 모습. △2에 맞춰서 접는 모습. △3에 맞춰서 접는 모습.

오른쪽을 접는 모습. 접기선을 펴면서 뒤쪽을 눌러 접는 모습. 꼼꼼히 눌러 접어서 접은 자국을 만든 다음 조금만 편다.

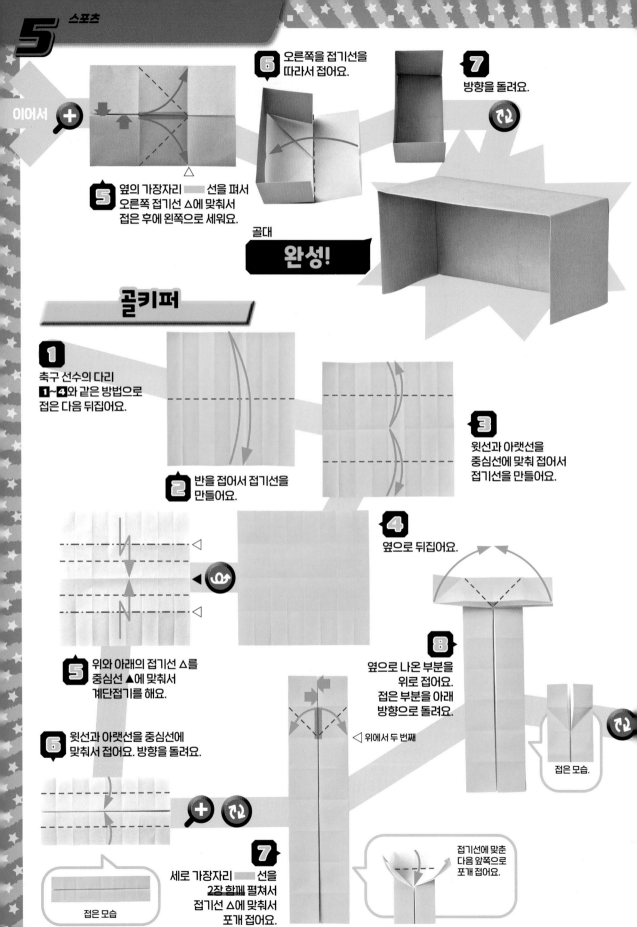

이어서

6 오른쪽을 접기선을 따라서 접어요.

7 방향을 돌려요.

5 옆의 가장자리 ▬ 선을 펴서 오른쪽 접기선 △에 맞춰서 접은 후에 왼쪽으로 세워요.

골대

완성!

골키퍼

1 축구 선수의 다리 **1**~**4**와 같은 방법으로 접은 다음 뒤집어요.

2 반을 접어서 접기선을 만들어요.

3 윗선과 아랫선을 중심선에 맞춰 접어서 접기선을 만들어요.

4 옆으로 뒤집어요.

5 위와 아래의 접기선 △를 중심선 ▲에 맞춰서 계단접기를 해요.

6 윗선과 아랫선을 중심선에 맞춰서 접어요. 방향을 돌려요.

8 옆으로 나온 부분을 위로 접어요. 접은 부분을 아래 방향으로 돌려요.

◁ 위에서 두 번째

접은 모습.

7 세로 가장자리 ▬ 선을 2장 함께 펼쳐서 접기선 △에 맞춰서 포개 접어요.

접기선에 맞춘 다음 앞쪽으로 포개 접어요.

접은 모습

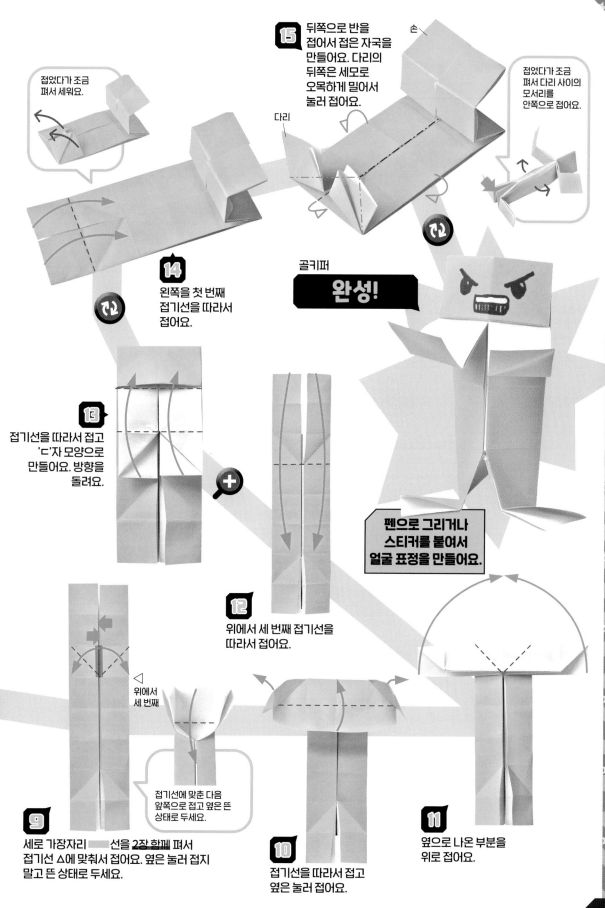

접었다가 조금
펴서 세워요.

15 뒤쪽으로 반을
접어서 접은 자국을
만들어요. 다리의
뒤쪽은 세모로
오목하게 밀어서
눌러 접어요.

손

접었다가 조금
펴서 다리 사이의
모서리를
안쪽으로 접어요.

다리

14 왼쪽을 첫 번째
접기선을 따라서
접어요.

골키퍼

완성!

13 접기선을 따라서 접고
'ㄷ'자 모양으로
만들어요. 방향을
돌려요.

펜으로 그리거나
스티커를 붙여서
얼굴 표정을 만들어요.

12 위에서 세 번째 접기선을
따라서 접어요.

위에서
세 번째

접기선에 맞춘 다음
앞쪽으로 접고 옆은 뜬
상태로 두세요.

9 세로 가장자리 ▬▬ 선을 2장 함께 펴서
접기선 △에 맞춰서 접어요. 옆은 눌러 접지
말고 뜬 상태로 두세요.

10 접기선을 따라서 접고
옆은 눌러 접어요.

11 옆으로 나온 부분을
위로 접어요.

야구

공

야구 방망이

야구용품을 2가지 만들어 볼게요. 방망이는 입체감을 그대로 살려서 접고 공은 변화구를 던질 때 필요한 솔기까지 표현했어요.

준비물
색종이 1장씩

야구 방망이

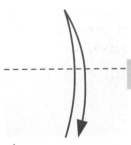

1 반을 접어서 접기선을 만들어요.

깔끔하게 접는 방법은 45쪽을 보세요.

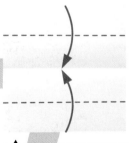

2 위와 아래를 중심선에 맞춰서 접어요.

3 위와 아래를 중심선에 맞춰서 접어요.

4 모두 펼쳐요.

5 접기선을 세로 방향으로 돌려요. **1**~**4**와 같은 방법으로 접어요.

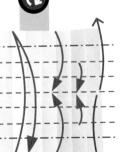

6 위, 아래를 첫 번째 접기선에 맞춰 접어서 접기선을 만들어요.

야구공

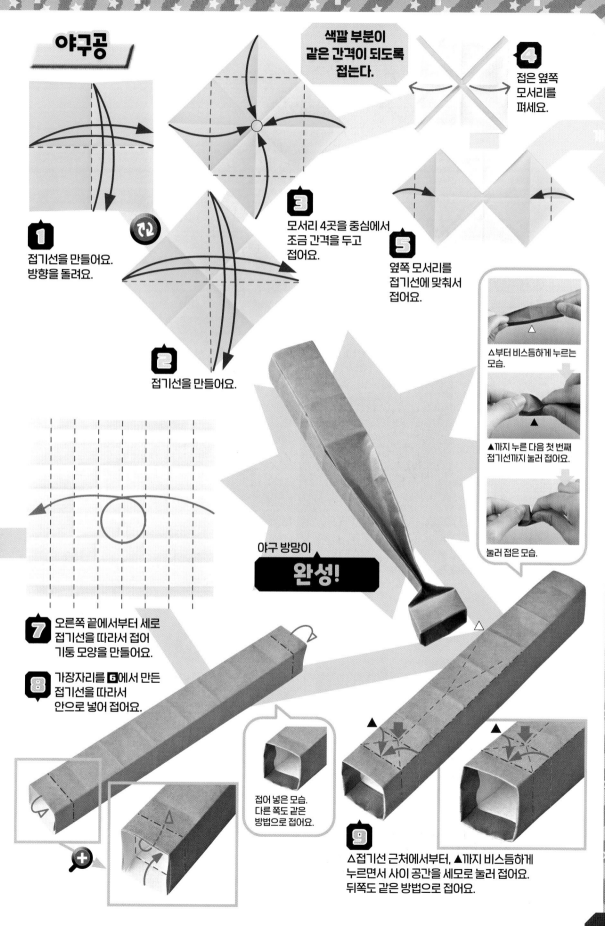

색깔 부분이
같은 간격이 되도록
접는다.

4 접은 옆쪽
모서리를
펴세요.

1 접기선을 만들어요.
방향을 돌려요.

2 접기선을 만들어요.

3 모서리 4곳을 중심에서
조금 간격을 두고
접어요.

5 옆쪽 모서리를
접기선에 맞춰서
접어요.

△부터 비스듬하게 누르는
모습.

▲까지 누른 다음 첫 번째
접기선까지 눌러 접어요.

눌러 접은 모습.

야구 방망이
완성!

7 오른쪽 끝에서부터 세로
접기선을 따라서 접어
기둥 모양을 만들어요.

8 가장자리를 **6**에서 만든
접기선을 따라서
안으로 넣어 접어요.

접어 넣은 모습.
다른 쪽도 같은
방법으로 접어요.

9 △접기선 근처에서부터, ▲까지 비스듬하게
누르면서 사이 공간을 세로로 눌러 접어요.
뒤쪽도 같은 방법으로 접어요.

이어서

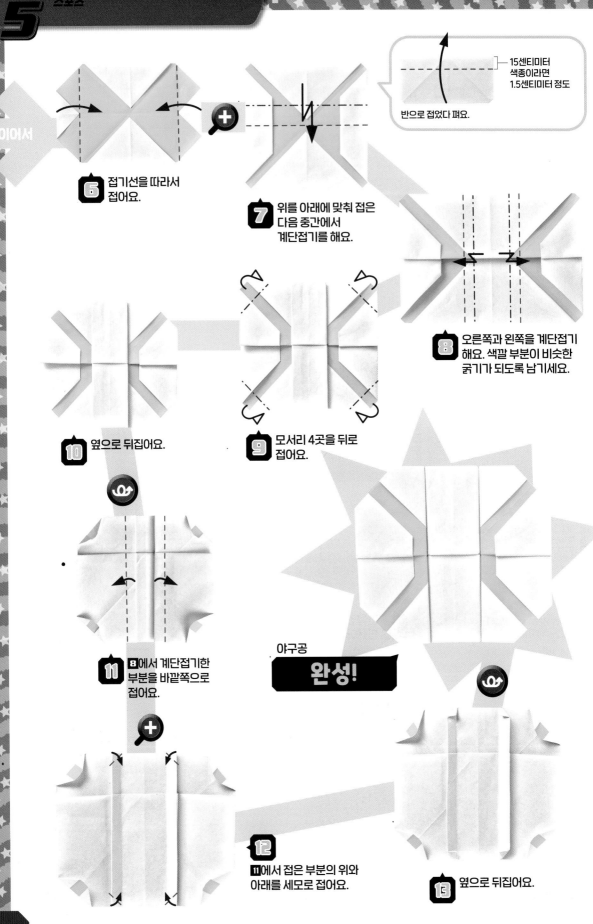

6 접기선을 따라서 접어요.

7 위를 아래에 맞춰 접은 다음 중간에서 계단접기를 해요.

15센티미터 색종이라면 1.5센티미터 정도

반으로 접었다 펴요.

8 오른쪽과 왼쪽을 계단접기 해요. 색깔 부분이 비슷한 굵기가 되도록 남기세요.

10 옆으로 뒤집어요.

9 모서리 4곳을 뒤로 접어요.

11 8에서 계단접기한 부분을 바깥쪽으로 접어요.

야구공

완성!

12 11에서 접은 부분의 위와 아래를 세모로 접어요.

13 옆으로 뒤집어요.

농구 슈팅 게임

준비물
●본체
색종이 1장
●공
색종이 조각

농구대에 공을 넣는 게임기를
만들었어요. 골대와 볼을 던지는
슈팅판을 색종이 1장으로 만들었어요.

놀이법

슈팅판의 오목한 곳에 공을 놓고,
가장자리를 손가락으로 아래로 눌렀다가
튕기면 공이 날아가요. 힘을 조절해서
골대에 공이 들어가도록 슛을 해 보세요.

1 반을 접어서 접기선을
만들어요.

깔끔하게
접는 요령은
45쪽을 보세요.

7 위, 아래를 왼쪽은 △에 맞춰서
오른쪽은 ▲에 맞춰서 접는데 **1칸만**
접기선을 만들어요.

▽　　▼

왼쪽에서 두 번째 △　　▲ 오른쪽에서 세 번째

아래를 △에 맞춰서
접는 모습.

여기만
접어요.

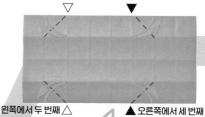

6 중심선에서 1장만 펼쳐요.
옆으로 뒤집어요.

2 위와 아래를 중심선에
맞춰서 접어요.

3 양 끝을 중심선에 맞춰서
접어요.

4 모두 펴요. 접기선을
세로 방향으로 돌려요.

5 **1~3**과 같은
방법으로
접어요.

계속

완성!

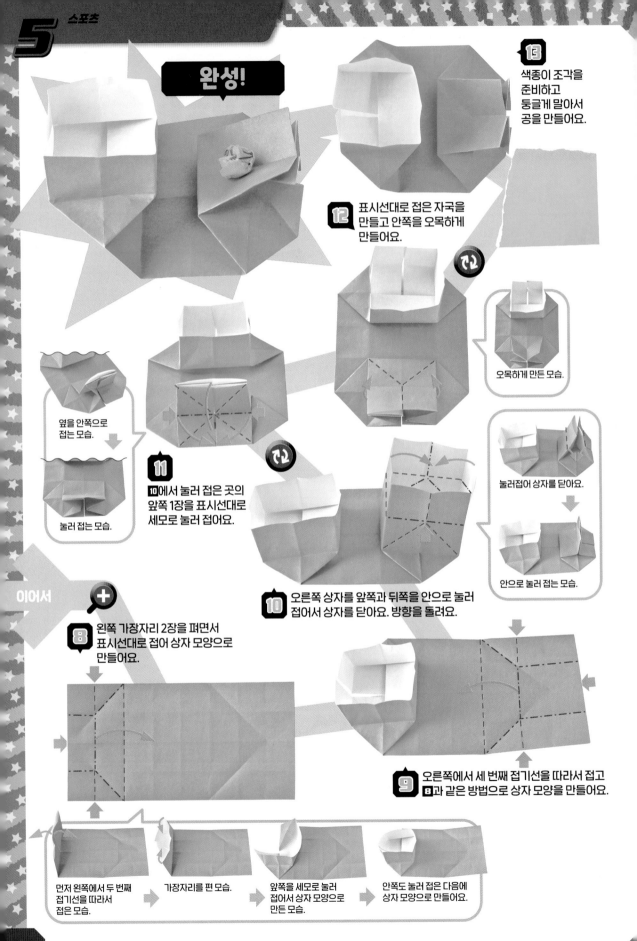

13 색종이 조각을 준비하고 둥글게 말아서 공을 만들어요.

12 표시선대로 접은 자국을 만들고 안쪽을 오목하게 만들어요.

오목하게 만든 모습.

옆을 안쪽으로 접는 모습.

눌러 접는 모습.

눌러접어 상자를 닫아요.

안으로 눌러 접는 모습.

11 **10**에서 눌러 접은 곳의 앞쪽 1장을 표시선대로 세모로 눌러 접어요.

10 오른쪽 상자를 앞쪽과 뒤쪽을 안으로 눌러 접어서 상자를 닫아요. 방향을 돌려요.

이어서

8 왼쪽 가장자리 2장을 펴면서 표시선대로 접어 상자 모양으로 만들어요.

9 오른쪽에서 세 번째 접기선을 따라서 접고 **8**과 같은 방법으로 상자 모양을 만들어요.

먼저 왼쪽에서 두 번째 접기선을 따라서 접은 모습.

가장자리를 편 모습.

앞쪽을 세모로 눌러 접어서 상자 모양으로 만든 모습.

안쪽도 눌러 접은 다음에 상자 모양으로 만들어요.

골프

준비물
● 골프채, 홀
색종이 1장
● 공
색종이 조각

골프채

홀

공을 치며 노는 골프 세트를 만들어 볼게요.
골프채와 공, 비탈진 골프 홀이에요.

놀이법

위쪽의 두 갈래로 나눠진 부분을 잡고
오른쪽과 왼쪽으로 번갈아 올리면
골프채를 휘두를 수 있어요. 홀을 노려서
공을 쳐 보세요.

골프채

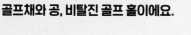

1 반을 접어서 접기선을
만들어요.

**깔끔하게
접는 요령은
45쪽을 보세요.**

3 위와 아래를 중심선에
맞춰서 접어요.

2 양 끝을 중심선에
맞춰서 접어요.

6 위, 아래를 중심선에
맞춰 접어 접기선을
만들어요.

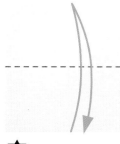

4 모두 펴요.
세로 방향으로
돌려요.

5 반을 접어서 접기선을
만들고 옆으로 뒤집어요.

7 윗선과 아랫선을
접기선에 맞춰서
접어요.

홀

1 반을 접어서 접기선을 만들어요.

2 아랫선을 중심선에 맞춰서 접어요.

3 아랫선을 맞춰서 접어요.

4 모두 펴요. 세로 방향으로 돌려요.

5 반을 접어요.

6 반을 접어서 접기선을 만들어요.

7 윗선과 아랫선을 중심선에 맞춰서 접어서 접기선을 만들어요.

▽ 첫 번째

△

8 왼쪽 모서리를 △부터 접기선에 맞춰서 양쪽 가장자리를 1칸씩 접기선을 만들어요. △가 위가 되도록 방향을 바꿔요.

여기만 접어요.

아래쪽 △부터 접는 모습. 위쪽 △도 같은 방법으로 접어요.

접은 모습.

9 윗선과 아랫선을 중심선에 맞춰서 접어요. 방향을 돌려요.

▷ 위쪽에서 두 번째

이어서

8 위와 아래를 점선대로 접고 옆으로 뒤집으세요.

접은 모습.

10 세로 가장자리 ▭선을 2장 함께 펼쳐서 접기선 △에 맞춰 접어서 포개요.

접기선에 맞춘 다음 앞쪽으로 포개 접는다.

11 뒤로 반을 접으면서 옆으로 나온 부분은 위로 접어서 포개요.

반을 접은 다음 오른쪽으로 눕혀요.

12 아래에서 세 번째 칸을 사선으로 접어서 접기선을 만들어요.

접었다가 펴요.

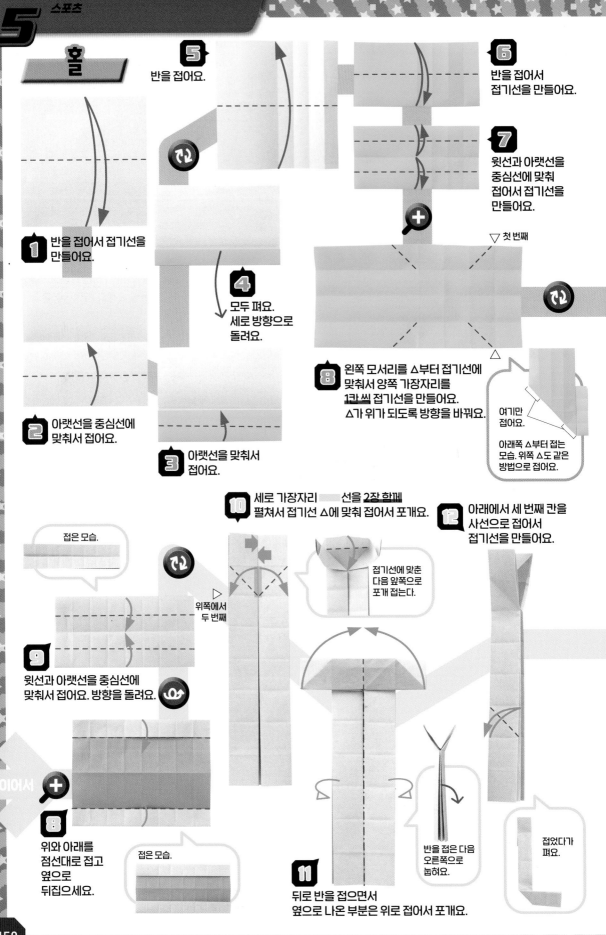

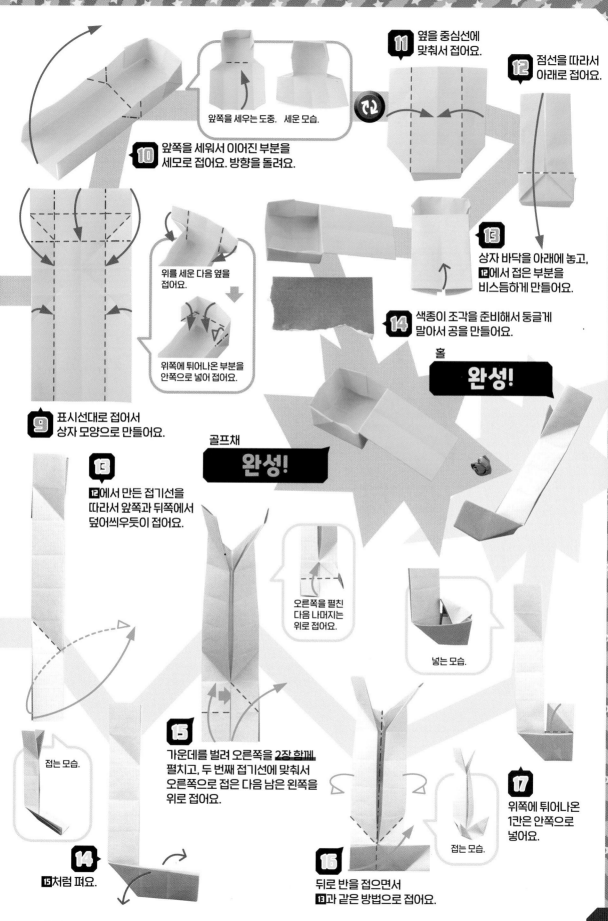

10 앞쪽을 세워서 이어진 부분을 세모로 접어요. 방향을 돌려요.

앞쪽을 세우는 도중.　세운 모습.

11 옆을 중심선에 맞춰서 접어요.

12 점선을 따라서 아래로 접어요.

13 상자 바닥을 아래에 놓고, **12**에서 접은 부분을 비스듬하게 만들어요.

위를 세운 다음 옆을 접어요.

위쪽에 튀어나온 부분을 안쪽으로 넣어 접어요.

14 색종이 조각을 준비해서 둥글게 말아서 공을 만들어요.

홀

완성!

9 표시선대로 접어서 상자 모양으로 만들어요.

골프채

완성!

13 **12**에서 만든 접기선을 따라서 앞쪽과 뒤쪽에서 덮어씌우듯이 접어요.

오른쪽을 펼친 다음 나머지는 위로 접어요.

넣는 모습.

접는 모습.

15 가운데를 벌려 오른쪽을 2장 함께 펼치고, 두 번째 접기선에 맞춰서 오른쪽으로 접은 다음 남은 왼쪽을 위로 접어요.

14 **15**처럼 펴요.

16 뒤로 반을 접으면서 **13**과 같은 방법으로 접어요.

접는 모습.

17 위쪽에 튀어나온 1칸은 안쪽으로 넣어요.

테니스

코트 안에서 공을 치며 노는 종이접기 작품이에요. 옆의 손잡이를
잡고 한쪽에 공을 놓고 공을 놓은 쪽 가장자리를 퉁기면서 공을
상대편 코트로 쳐요. 양쪽을 퉁겨 치면서 랠리를 이어가 보세요.

준비물
● 본채
색종이 1장
● 공
색종이 조각

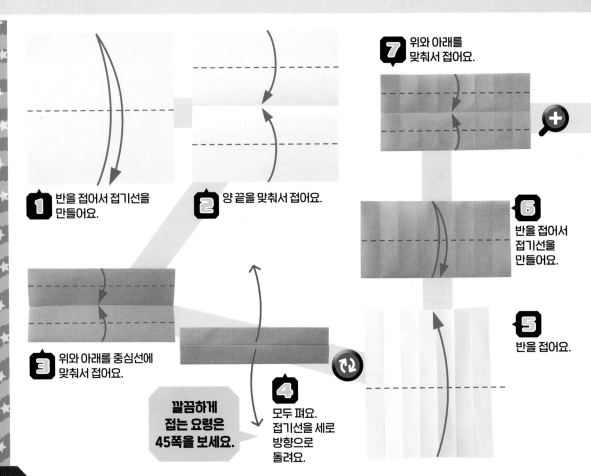

7 위와 아래를
맞춰서 접어요.

1 반을 접어서 접기선을
만들어요.

2 양 끝을 맞춰서 접어요.

6 반을 접어서
접기선을
만들어요.

3 위와 아래를 중심선에
맞춰서 접어요.

5 반을 접어요.

깔끔하게
접는 요령은
45쪽을 보세요.

4 모두 펴요.
접기선을 세로
방향으로
돌려요.

옆쪽을 아래 방향으로 돌린 다음 아래와 위를 중심선에 맞춰요.

맞춘 다음 뒤집어요.

모서리를 꼼꼼하게 접어요.

접은 다음 뒤집어요.

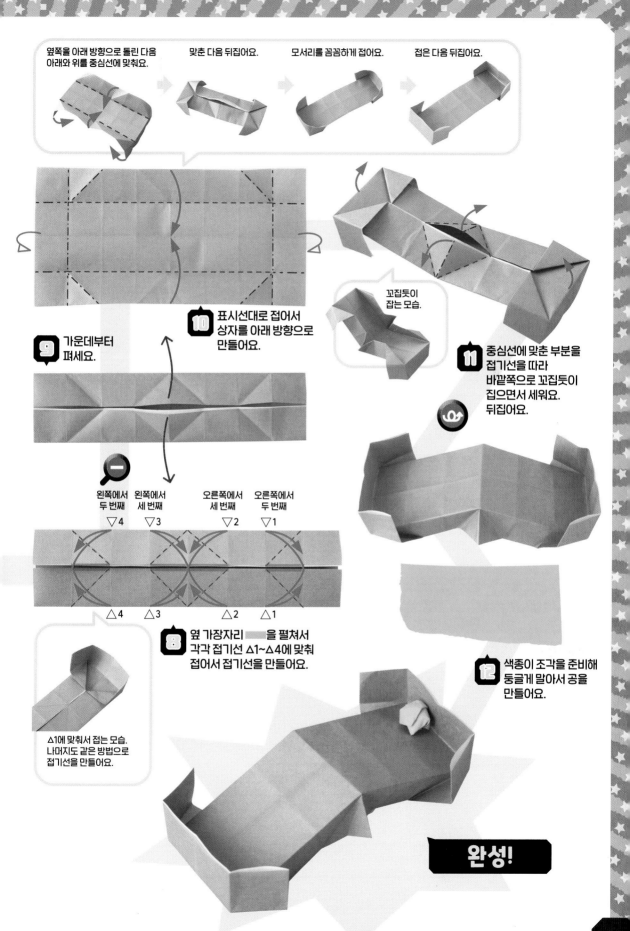

꼬집듯이 잡는 모습.

9 가운데부터 펴세요.

10 표시선대로 접어서 상자를 아래 방향으로 만들어요.

11 중심선에 맞춘 부분을 접기선을 따라 바깥쪽으로 꼬집듯이 집으면서 세워요. 뒤집어요.

왼쪽에서 두 번째	왼쪽에서 세 번째	오른쪽에서 세 번째	오른쪽에서 두 번째
▽4	▽3	▽2	▽1

△4   △3   △2   △1

8 옆 가장자리 ▬▬ 을 펼쳐서 각각 접기선 △1~△4에 맞춰 접어서 접기선을 만들어요.

△1에 맞춰서 접는 모습. 나머지도 같은 방법으로 접기선을 만들어요.

12 색종이 조각을 준비해 둥글게 말아서 공을 만들어요.

완성!

실물처럼 바퀴를 동글동글 말아서 만든 스케이트보드예요.
여기에서 소개한 즐기는 법 말고 다양한 기술을 생각해
보면 더 즐겁게 놀 수 있어요.

스케이트보드

준비물

색종이 1장, 대꼬챙이

※어린아이가 만들 때는 대꼬챙이 끝이 위험하므로 끝을 잘라서
다치지 않게 테이프로 마감한 것을 건네주세요.

놀이법

점프
휘어서 올라간 끝을 힘차게 아래로 팅기면
위쪽 사진처럼 빙그르르 점프해요.

회전
옆쪽에 손가락을 넣어서 힘차게 위로
팅기면 뱅그르르 회전해요.

1 반을 접어서
접기선을 만들어요.

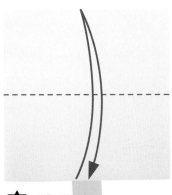

2 양 끝을 중심선에
맞춰서 접어요.

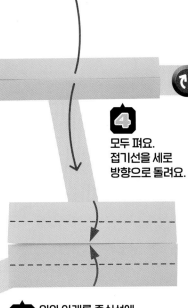

4 모두 펴요.
접기선을 세로
방향으로 돌려요.

3 위와 아래를 중심선에
맞춰서 접어요.

깔끔하게
접는 요령은
45쪽을 보세요.

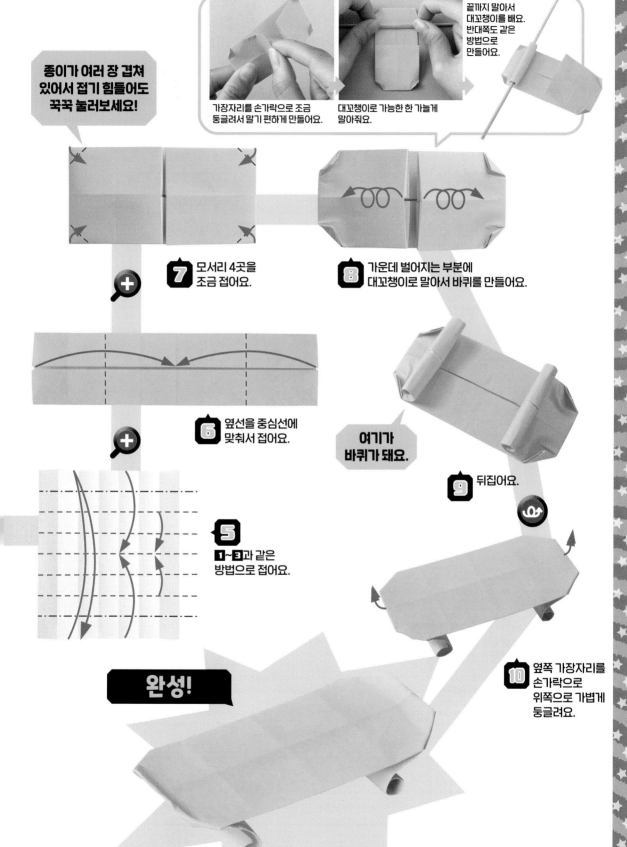

종이가 여러 장 겹쳐
있어서 접기 힘들어도
꾹꾹 눌러보세요!

끝까지 말아서
대꼬챙이를 빼요.
반대쪽도 같은
방법으로
만들어요.

가장자리를 손가락으로 조금
둥글려서 말기 편하게 만들어요.

대꼬챙이로 가능한 한 가늘게
말아줘요.

7 모서리 4곳을
조금 접어요.

8 가운데 벌어지는 부분에
대꼬챙이로 말아서 바퀴를 만들어요.

6 옆선을 중심선에
맞춰서 접어요.

여기가
바퀴가 돼요.

9 뒤집어요.

5 **1~3**과 같은
방법으로 접어요.

완성!

10 옆쪽 가장자리를
손가락으로
위쪽으로 가볍게
둥글려요.

체조 선수

체조 선수는 몸을 써서 여러 동작을 해요. 여기에서는 물구나무서기와
뱅그르르 도는 공중제비를 도는 선수를 만들어 볼 거예요.

물구나무서기

공중제비

준비물
색종이 1장

놀이법

물구나무서기
배를 바닥에 놓고 허벅지 부분을
옆에서 눌러요. 그러면 날쌔게 벌떡
물구나무서기를 해요.

공중제비
등을 눌러서 잔뜩 웅크린 모양을 만든 다음
아래로 튕기듯이 손가락을 떼면 위쪽
사진처럼 빙그르르 공중제비를 돌아요.

물구나무서기

1 반을 접어서 접기선을
만들어요.

2 위와 아래를 중심선에
맞춰서 접어요.

5 반을 접어서 접기선을
만들어요.

4 모두 펴요. 뒤집어서
접기선을 세로
방향으로 돌려요.

3 윗선과 아랫선을
중심선에 맞춰서
접어요.

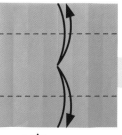

6 윗선과 아랫선을
중심선에 맞춰서
접어요.

깔끔하게
접는 요령은
45쪽을 보서

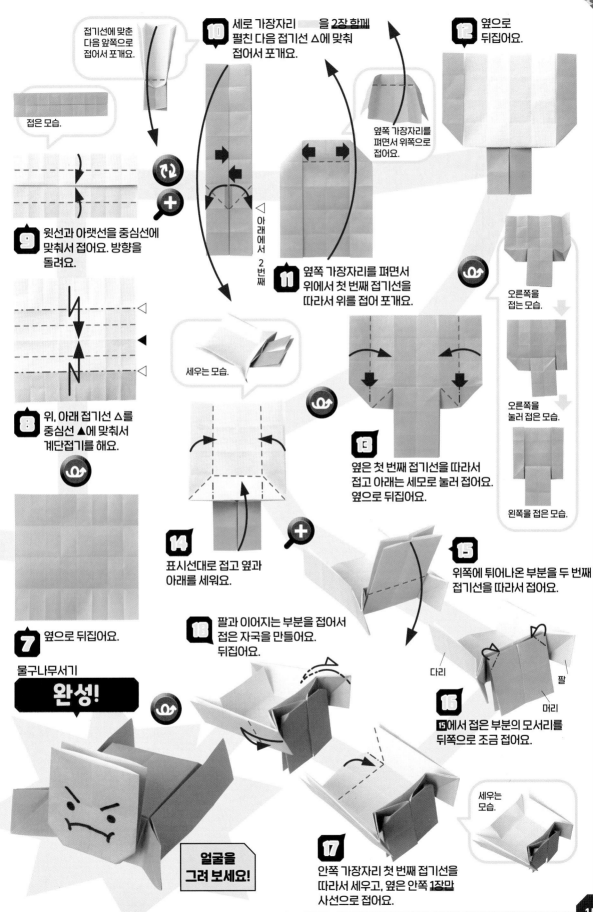

접기선에 맞춘 다음 앞쪽으로 접어서 포개요.

접은 모습.

10 세로 가장자리 ▬ 을 2장 함께 펼친 다음 접기선 △에 맞춰 접어서 포개요.

12 옆으로 뒤집어요.

옆쪽 가장자리를 펴면서 위쪽으로 접어요.

△ 아래에서 2번째

9 윗선과 아랫선을 중심선에 맞춰서 접어요. 방향을 돌려요.

11 옆쪽 가장자리를 펴면서 위에서 첫 번째 접기선을 따라서 위를 접어 포개요.

오른쪽을 접는 모습.

오른쪽을 눌러 접은 모습.

세우는 모습.

8 위, 아래 접기선 △를 중심선 ▲에 맞춰서 계단접기를 해요.

13 옆은 첫 번째 접기선을 따라서 접고 아래는 세모로 눌러 접어요. 옆으로 뒤집어요.

왼쪽을 접은 모습.

14 표시선대로 접고 옆과 아래를 세워요.

15 위쪽에 튀어나온 부분을 두 번째 접기선을 따라서 접어요.

7 옆으로 뒤집어요.

18 팔과 이어지는 부분을 접어서 접은 자국을 만들어요. 뒤집어요.

다리

팔

머리

물구나무서기

완성!

16 **15**에서 접은 부분의 모서리를 뒤쪽으로 조금 접어요.

세우는 모습.

얼굴을 그려 보세요!

17 안쪽 가장자리 첫 번째 접기선을 따라서 세우고, 옆은 안쪽 **1장만** 사선으로 접어요.

공중제비

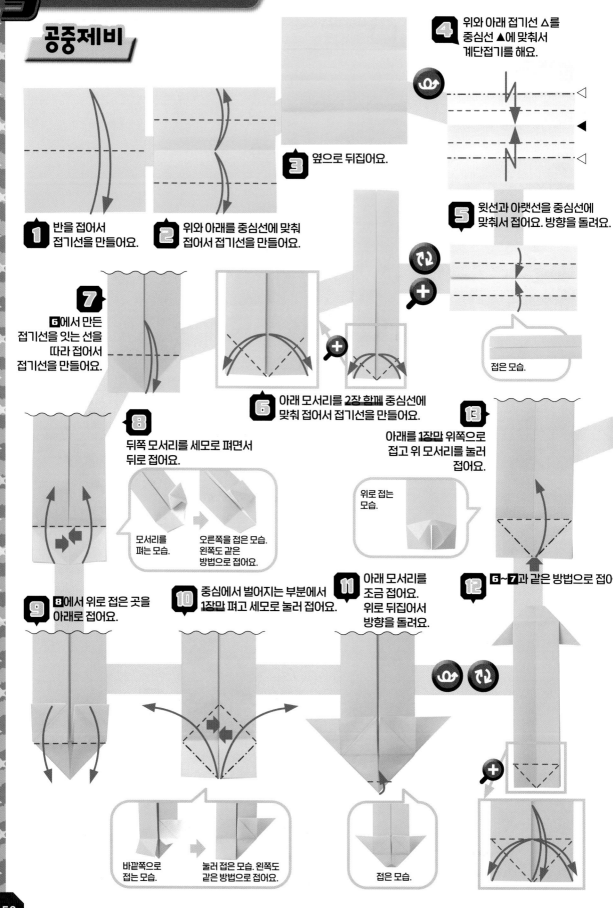

1 반을 접어서 접기선을 만들어요.

2 위와 아래를 중심선에 맞춰 접어서 접기선을 만들어요.

3 옆으로 뒤집어요.

4 위와 아래 접기선 △를 중심선 ▲에 맞춰서 계단접기를 해요.

5 윗선과 아랫선을 중심선에 맞춰서 접어요. 방향을 돌려요.

접은 모습.

6 아래 모서리를 2장 함께 중심선에 맞춰 접어서 접기선을 만들어요.

7 **6**에서 만든 접기선을 잇는 선을 따라 접어서 접기선을 만들어요.

8 뒤쪽 모서리를 세모로 펴면서 뒤로 접어요.

모서리를 펴는 모습.

오른쪽을 접은 모습. 왼쪽도 같은 방법으로 접어요.

13 아래를 1장만 위쪽으로 접고 위 모서리를 눌러 접어요.

위로 접는 모습.

12 **6**~**7**과 같은 방법으로 접0

9 **8**에서 위로 접은 곳을 아래로 접어요.

10 중심에서 벌어지는 부분에서 1장만 펴고 세모로 눌러 접어요.

11 아래 모서리를 조금 접어요. 위로 뒤집어서 방향을 돌려요.

바깥쪽으로 접는 모습.

눌러 접은 모습. 왼쪽도 같은 방법으로 접어요.

접은 모습.

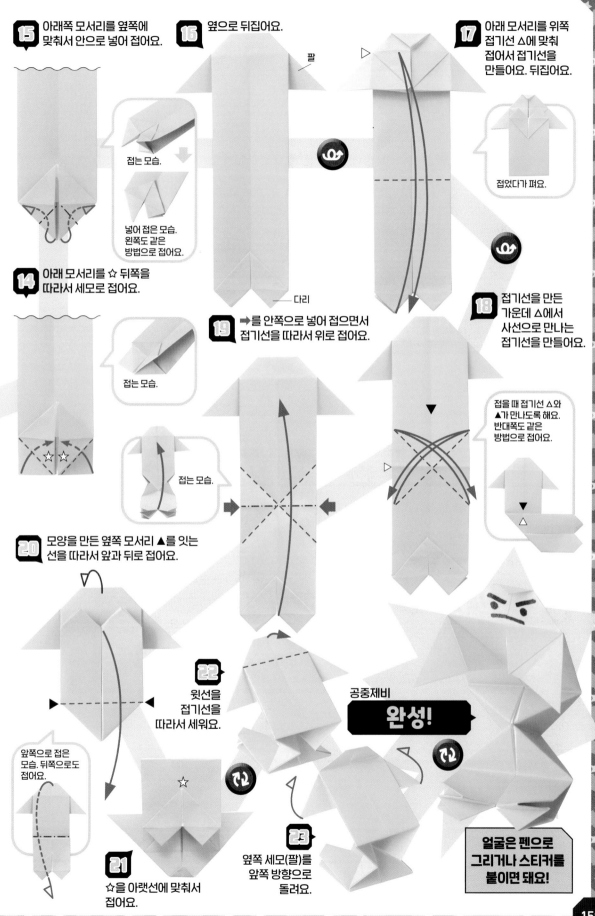

15 아래쪽 모서리를 옆쪽에 맞춰서 안으로 넣어 접어요.

접는 모습.

넣어 접은 모습. 왼쪽도 같은 방법으로 접어요.

16 옆으로 뒤집어요.

팔

다리

17 아래 모서리를 위쪽 접기선 △에 맞춰 접어서 접기선을 만들어요. 뒤집어요.

접었다가 펴요.

14 아래 모서리를 ☆ 뒤쪽을 따라서 세모로 접어요.

19 ➡를 안쪽으로 넣어 접으면서 접기선을 따라서 위로 접어요.

접는 모습.

접는 모습.

☆☆

18 접기선을 만든 가운데 △에서 사선으로 만나는 접기선을 만들어요.

접을 때 접기선 △와 ▲가 만나도록 해요. 반대쪽도 같은 방법으로 접어요.

20 모양을 만든 옆쪽 모서리 ▲를 잇는 선을 따라서 앞과 뒤로 접어요.

앞쪽으로 접은 모습. 뒤쪽으로도 접어요.

22 윗선을 접기선을 따라서 세워요.

공중제비
완성!

23 옆쪽 세모(팔)를 앞쪽 방향으로 돌려요.

21 ☆을 아랫선에 맞춰서 접어요.

얼굴은 펜으로 그리거나 스티커를 붙이면 돼요!

파트 **6**

놀이 & 재미

특이하게 움직이거나 웃음이 절로 나는 종이접기 작품으로
가득해요. 작품을 만들어서 친구들과 함께 즐겨보세요!
소꿉놀이도 할 수 있는 맛있는 요리도 소개할게요.

로켓 손가락

준비물
●1개당
11~15센티미터 색종이 1장

손가락에 껴서 로켓처럼 날릴 수 있는 종이접기
작품이에요. 한쪽 손으로 날려도 되고, 양손에 껴서
날리면 더 박력이 넘쳐요.

놀이법

손톱을 위를 향하게 해서 손가락에 껴서 손끝을 오므려서 준비해요.
손을 앞으로 내밀면서 손가락을 펴면 로켓이 날아가요.

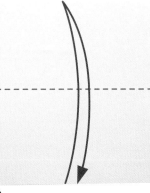

1 반을 접어서 접기선을
만들어요.

2 양 끝을 중심선에 맞춰서
접어요.

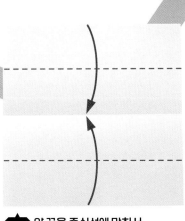

3 위와 아래를 중심선에
맞춰서 접어요.

깔끔하게
접는 요령은
45쪽을 보세요.

4 모두 펴요.
뒤집어서 세로로
방향을 돌려요.

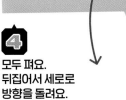

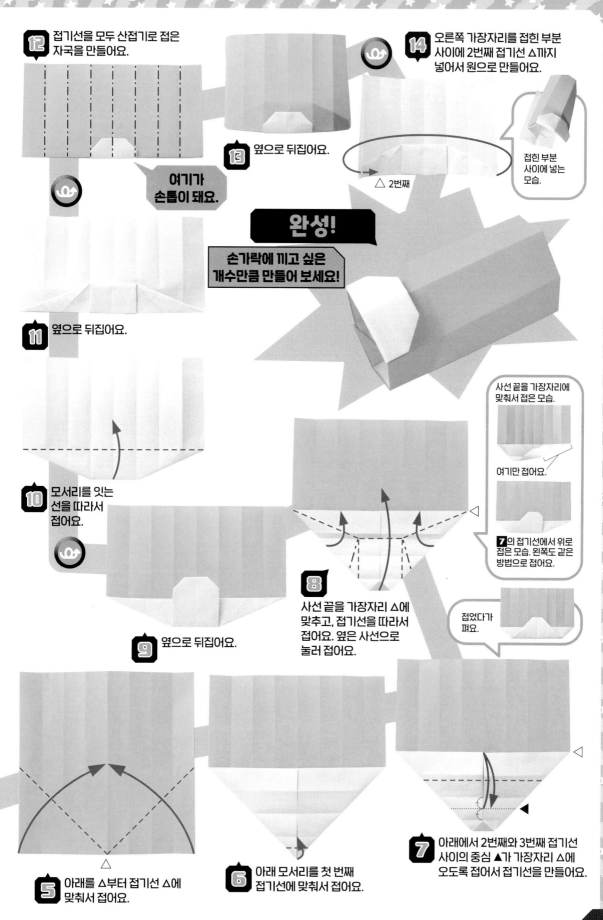

12 접기선을 모두 산접기로 접은
자국을 만들어요.

13 옆으로 뒤집어요.

14 오른쪽 가장자리를 접힌 부분
사이에 2번째 접기선 △까지
넣어서 원으로 만들어요.

접힌 부분
사이에 넣는
모습.

△ 2번째

여기가
손톱이 돼요.

완성!

**손가락에 끼고 싶은
개수만큼 만들어 보세요!**

11 옆으로 뒤집어요.

10 모서리를 잇는
선을 따라서
접어요.

9 옆으로 뒤집어요.

사선 끝을 가장자리에
맞춰서 접은 모습.

여기만 접어요.

7의 접기선에서 위로
접은 모습. 왼쪽도 같은
방법으로 접어요.

8 사선 끝을 가장자리 △에
맞추고, 접기선을 따라서
접어요. 옆은 사선으로
눌러 접어요.

접었다가
펴요.

5 아래를 △부터 접기선 △에
맞춰서 접어요.

6 아래 모서리를 첫 번째
접기선에 맞춰서 접어요.

7 아래에서 2번째와 3번째 접기선
사이의 중심 ▲가 가장자리 △에
오도록 접어서 접기선을 만들어요.

163

사과하는 사람

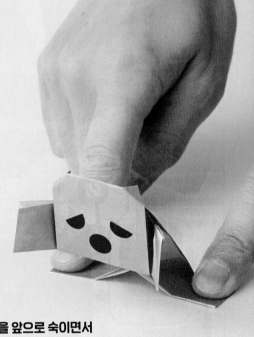

다리를 누르면서 옆으로 벌리면 몸을 앞으로 숙이면서
'미안해요' 하고 머리를 숙인 것 같은 모습이 돼요.

준비물
색종이 1장

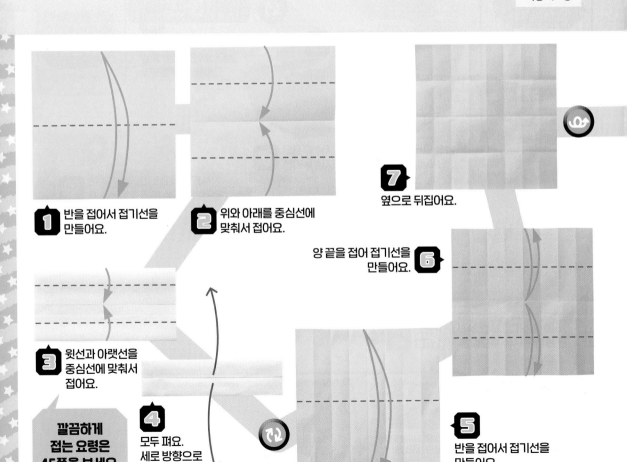

1 반을 접어서 접기선을 만들어요.

2 위와 아래를 중심선에 맞춰서 접어요.

3 윗선과 아랫선을 중심선에 맞춰서 접어요.

깔끔하게 접는 요령은 45쪽을 보세요.

4 모두 펴요. 세로 방향으로 돌려요.

5 반을 접어서 접기선을 만들어요.

6 양 끝을 접어 접기선을 만들어요.

7 옆으로 뒤집어요.

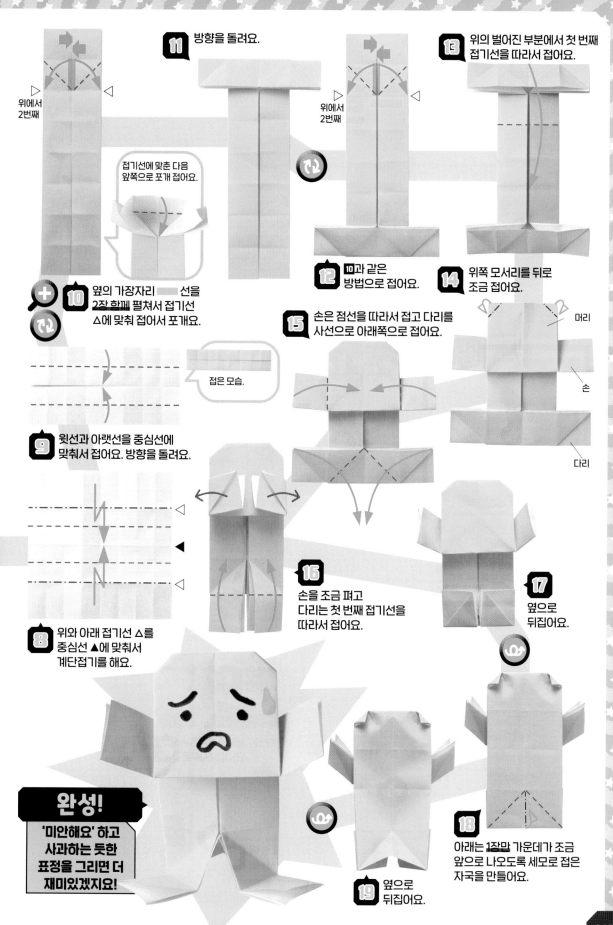

11 방향을 돌려요.

13 위의 벌어진 부분에서 첫 번째 접기선을 따라서 접어요.

위에서 2번째 ▷ ◁

위에서 2번째 ▷ ◁

접기선에 맞춘 다음 앞쪽으로 포개 접어요.

12 **10**과 같은 방법으로 접어요.

14 위쪽 모서리를 뒤로 조금 접어요.

머리

손

다리

+ **10** 옆의 가장자리 ▬ 선을 2장 함께 펼쳐서 접기선 △에 맞춰 접어서 포개요.

15 손은 점선을 따라서 접고 다리를 사선으로 아래쪽으로 접어요.

접은 모습.

9 윗선과 아랫선을 중심선에 맞춰서 접어요. 방향을 돌려요.

▷ ◁

▶ ◁

▷ ◁

16 손을 조금 펴고 다리는 첫 번째 접기선을 따라서 접어요.

17 옆으로 뒤집어요.

8 위와 아래 접기선 △를 중심선 ▲에 맞춰서 계단접기를 해요.

완성!
'미안해요' 하고 사과하는 듯한 표정을 그리면 더 재미있겠지요!

19 옆으로 뒤집어요.

18 아래는 1장만 가운데가 조금 앞으로 나오도록 세모로 접은 자국을 만들어요.

팬티

맞아요. 여러분이 입고 있는 팬티를 종이접기로 만들 거예요.
손가락에 껴서 움직이면 아주 웃기지요.

준비물
(손가락에 낄 수 있도록)
15센티미터 색종이 1장

접은 모습.

1 반을 접어서 접기선을 만들어요.

2 양 끝을 중심선에 맞춰서 접어요.

깔끔하게
접는 법은
45쪽을 보세요.

3 윗선과 아랫선을 중심선에 맞춰서 접어요.

4 모두 펴요.
세로 방향으로 돌려요.

5 반을 접어서 접기선을 만들어요.

6 위와 아래를 중심선에 맞춰 접어서 접기선을 만들어요.

7 옆으로 뒤집어요.

8 위와 아래 접기선 △를 중심선 △에 맞춰서 계단접기를 해요.

9 윗선과 아랫선을 중심선에 맞춰서 접어요.
방향을 돌려요.

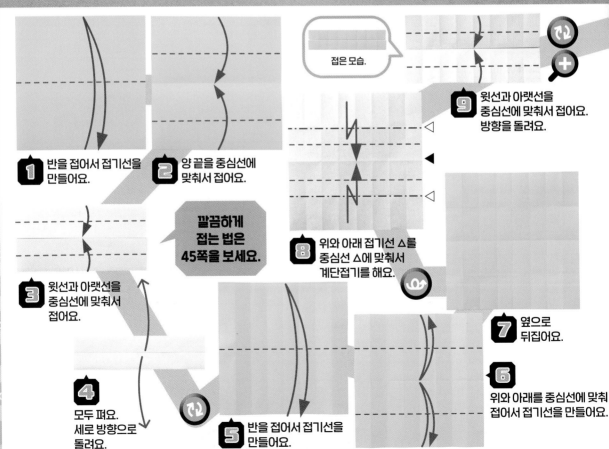

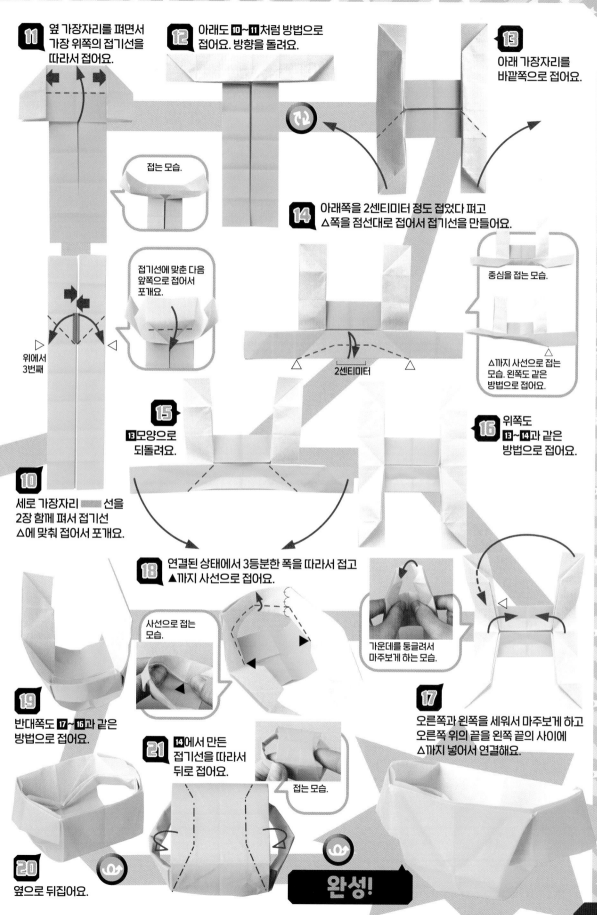

11 옆 가장자리를 펴면서 가장 위쪽의 접기선을 따라서 접어요.

12 아래도 10~11처럼 방법으로 접어요. 방향을 돌려요.

13 아래 가장자리를 바깥쪽으로 접어요.

접는 모습.

14 아래쪽을 2센티미터 정도 접었다 펴고 △쪽을 점선대로 접어서 접기선을 만들어요.

접기선에 맞춘 다음 앞쪽으로 접어서 포개요.

중심을 접는 모습.

위에서 3번째

2센티미터

△까지 사선으로 접는 모습. 왼쪽도 같은 방법으로 접어요.

15 13모양으로 되돌려요.

16 위쪽도 13~14과 같은 방법으로 접어요.

10 세로 가장자리 ▬▬선을 2장 함께 펴서 접기선 △에 맞춰 접어서 포개요.

18 연결된 상태에서 3등분한 폭을 따라서 접고 ▲까지 사선으로 접어요.

사선으로 접는 모습.

가운데를 둥글려서 마주보게 하는 모습.

19 반대쪽도 17~16과 같은 방법으로 접어요.

21 14에서 만든 접기선을 따라서 뒤로 접어요.

접는 모습.

17 오른쪽과 왼쪽을 세워서 마주보게 하고 오른쪽 위의 끝을 왼쪽 끝의 사이에 △까지 넣어서 연결해요.

20 옆으로 뒤집어요.

완성!

씨를 뿌리면 싹이 트면서 새싹이 돋아나요.
그런 귀여운 새싹을 알록달록한 색깔로
많이 만들어 보세요.

준비물
색종이 1장

뱅글뱅글 새싹

놀이법

이파리는 위를 향하고 아래 줄기 부분을
잡았다가 손을 놓으면서 떨어뜨려요.
그러면 프로펠러처럼 뱅글뱅글 돌면서
떨어져요.

1 접기선을 만들어요.

2 위, 아래를 중심에 맞춰서 접어요.

7 위 모서리를 2장 함께 접기선에 맞춰 접어서 접기선을 만들어요.

접었다 펴요.

6 중심선을 따라서 뒤로 접어요. 접힌 부분을 아래쪽으로 돌려요.

8 앞과 뒤 1장만 펴서 이파리 모양으로 만들어요.

이파리

9 방향을 돌려요.

줄기

5 옆 모서리를 중심에 맞춰서 접어요.

오른쪽 접기선을 따라서 앞쪽으로 접는 모습.

4 같은 방법으로 맞춰 접고 접기선을 만들어요.

10 줄기 부분을 표시선대로 접어요.

이파리가 이어지는 부분은 **7**의 접기선을 따라서 접어요.

왼쪽의 접기선을 따라서 뒤로 접은 다음 모양을 잡아요.

3 윗선과 아랫선을 중심선에 맞춰서 접어요.

완성!

손가락 표창

종이 한 장으로 만드는 멋진 표창이에요.
접기 어려운 부분도 있지만 하나를 만들면
여러 번 던지면서 놀 수 있으니 꼭 만들어 보세요.

준비물
색종이 1장

1 접기선을 만들어요.

2 옆으로 뒤집어요.

삼각주머니 접는 모습.

 놀이법

손바닥에 올려놓고 손가락으로 튕기면
회전하면서 날아가요.

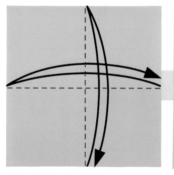

3 접기선을 만들어요.

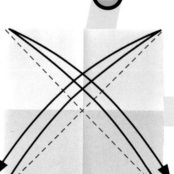

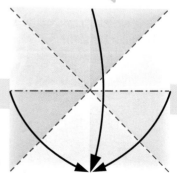

4 선대로 접어서
삼각주머니를 만들어요.

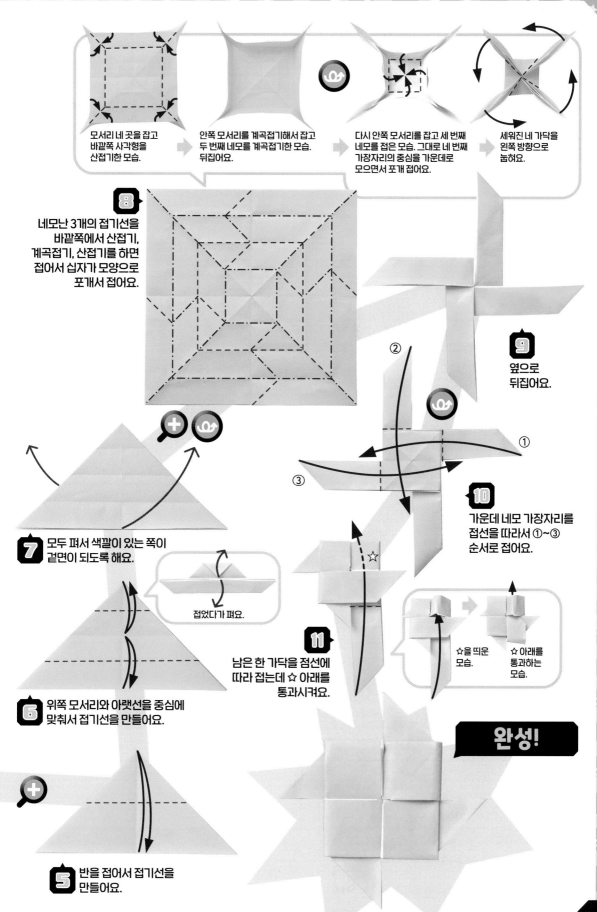

모서리 네 곳을 잡고
바깥쪽 사각형을
산접기한 모습.

안쪽 모서리를 계곡접기해서 잡고
두 번째 네모를 계곡접기한 모습.
뒤집어요.

다시 안쪽 모서리를 잡고 세 번째
네모를 접은 모습. 그대로 네 번째
가장자리의 중심을 가운데로
모으면서 포개 접어요.

세워진 네 가닥을
왼쪽 방향으로
눕혀요.

8 네모난 3개의 접기선을
바깥쪽에서 산접기,
계곡접기, 산접기를 하면
접어서 십자가 모양으로
포개서 접어요.

9 옆으로
뒤집어요.

7 모두 펴서 색깔이 있는 쪽이
겉면이 되도록 해요.

접었다가 펴요.

10 가운데 네모 가장자리를
접선을 따라서 ①~③
순서로 접어요.

☆을 띄운
모습.

☆ 아래를
통과하는
모습.

11 남은 한 가닥을 점선에
따라 접는데 ☆ 아래를
통과시켜요.

6 위쪽 모서리와 아랫선을 중심에
맞춰서 접기선을 만들어요.

완성!

5 반을 접어서 접기선을
만들어요.

고무 밴드를 사용해서 날리는
표창이에요. 색종이 앞면과 뒷면이
반씩 드러나므로 양면 색종이로
만들면 더 알록달록하고 예쁜
작품이 완성돼요.

고무줄 표창

준비물
마음에 드는 크기의 색종이 1장,
고무 밴드

놀이법

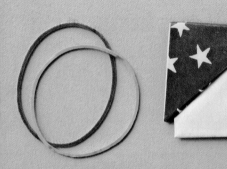

벌어진 부분이 앞을 향하도록 놓고 고무
밴드를 걸어서 당긴 다음 표창을 놓으면 슝
하고 날아가요.

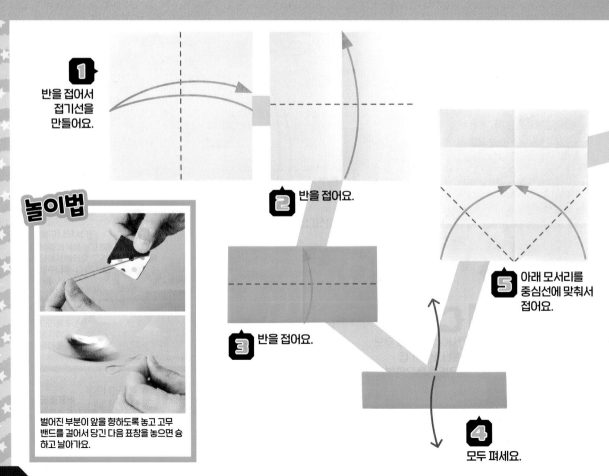

1 반을 접어서 접기선을 만들어요.

2 반을 접어요.

3 반을 접어요.

4 모두 펴세요.

5 아래 모서리를 중심선에 맞춰서 접어요.

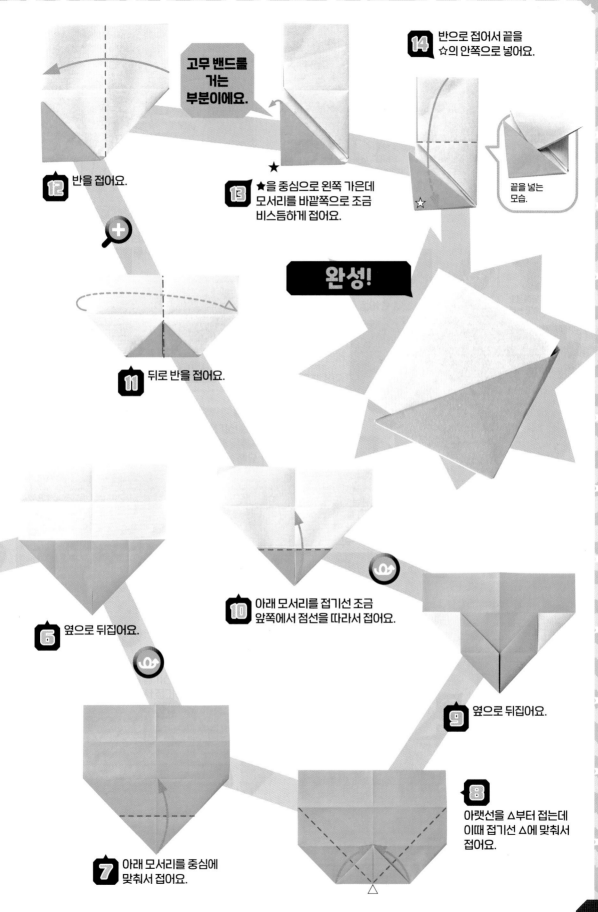

고무 밴드를
거는
부분이에요.

12 반을 접어요.

13 ★을 중심으로 왼쪽 가운데
모서리를 바깥쪽으로 조금
비스듬하게 접어요.

★

14 반으로 접어서 끝을
☆의 안쪽으로 넣어요.

☆

끝을 넣는
모습.

완성!

11 뒤로 반을 접어요.

6 옆으로 뒤집어요.

10 아래 모서리를 접기선 조금
앞쪽에서 점선을 따라서 접어요.

9 옆으로 뒤집어요.

8 아랫선을 △부터 접는데
이때 접기선 △에 맞춰서
접어요.

7 아래 모서리를 중심에
맞춰서 접어요.

△

점프하는 설산

꼭대기에 눈이 쌓인 산이에요.
그뿐만 아니라 점프시키며 놀 수도 있어요.

준비물
색종이 1장

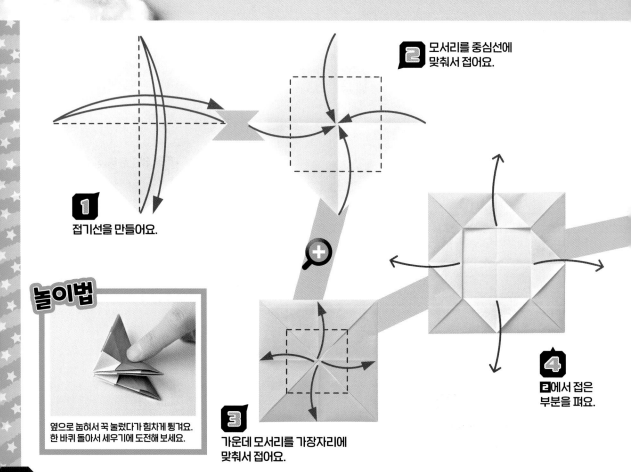

1 접기선을 만들어요.

2 모서리를 중심선에
맞춰서 접어요.

3 가운데 모서리를 가장자리에
맞춰서 접어요.

4 **2**에서 접은
부분을 펴요.

놀이법

옆으로 눕혀서 꾹 눌렀다가 힘차게 튕겨요.
한 바퀴 돌아서 세우기에 도전해 보세요.

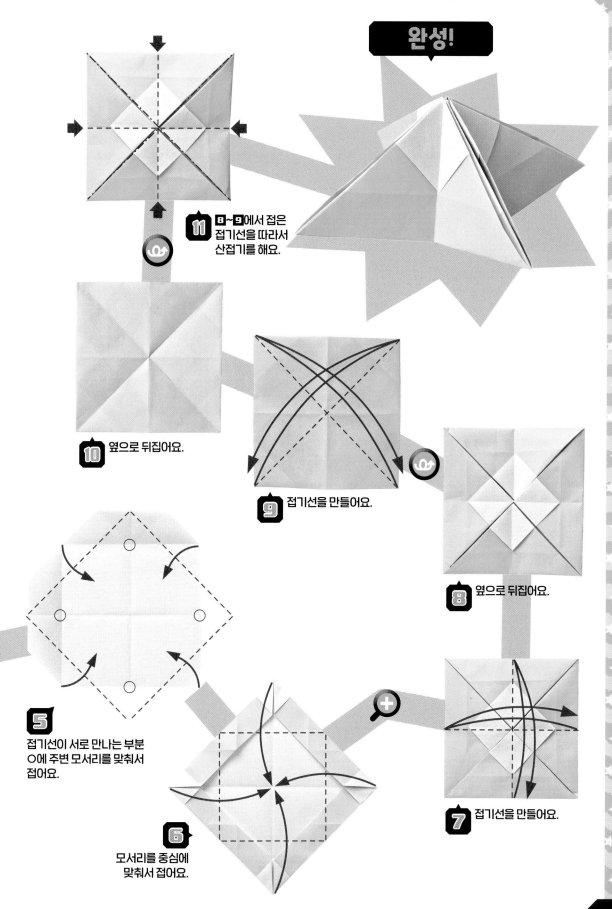

11 8~9에서 접은
접기선을 따라서
산접기를 해요.

10 옆으로 뒤집어요.

9 접기선을 만들어요.

8 옆으로 뒤집어요.

5 접기선이 서로 만나는 부분
○에 주변 모서리를 맞춰서
접어요.

6 모서리를 중심에
맞춰서 접어요.

7 접기선을 만들어요.

모자 날리기

준비물
색종이 1장

챙이 달린 모자예요. 원반처럼 던지면서 놀 수 있어요.
무늬가 있는 색종이를 사용하거나 펜으로 그림을 그리면
나만의 멋진 작품을 완성할 수 있어요.

놀이법

모자의 챙을 잡고 손목 스냅을 사용해서
수평으로 던지면 뱅글뱅글 돌면서
날아가요.

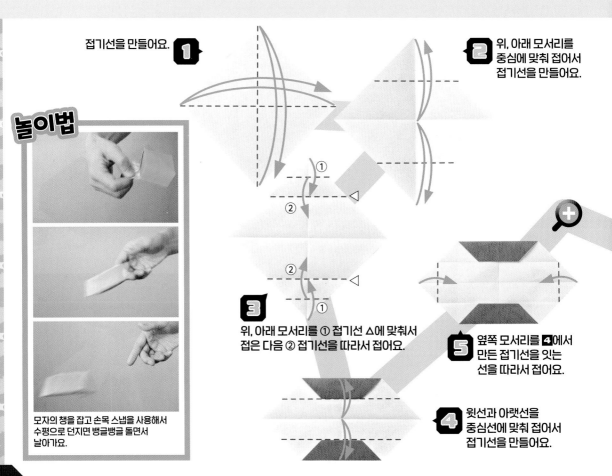

1 접기선을 만들어요.

2 위, 아래 모서리를
중심에 맞춰 접어서
접기선을 만들어요.

3 위, 아래 모서리를 ① 접기선 △에 맞춰서
접은 다음 ② 접기선을 따라서 접어요.

4 윗선과 아랫선을
중심선에 맞춰 접어서
접기선을 만들어요.

5 옆쪽 모서리를 **4**에서
만든 접기선을 잇는
선을 따라서 접어요.

세모를 편 다음에 뒤집어요.

접기선을 따라서 접어요.

13 모서리가 조금 튀어나오면 뒤로 접어요.

14 챙 모서리를 뒤로 접어요.

접었다가 편다.

12 모자챙의 세모를 뒤로 휙 접어요.

여기가 모자챙이 돼요.

11 위에 나온 부분을 바깥쪽으로 접어서 옆을 향하게 해요.

완성!

접은 모습.

△를 잡고 세워서 뒤로 접어요.

10 다른 쪽도 **8**과 같은 방법으로 상자 모양을 만들어요. 방향을 돌려요.

9 위쪽에 나온 부분을 안쪽으로 접어요. 방향을 돌려요.

6 오른쪽 ★은 ☆에, 왼쪽 ●는 ○에 맞춰 접어서 접기선을 만들어요.

접었다가 펴요. 왼쪽도 같은 방법으로 접어요.

7 위, 아래 접기선에 산접기 접기선을 만들어요. 방향을 돌려요.

8 위, 아래를 세워서 상자 모양으로 만들어요.

빙글빙글 별

반짝반짝 빛나는 별을 만들어 볼게요.
가는 막대에 꽂으면 바람개비처럼 빙글빙글 돌아요.

준비물
색종이 1장, 대꼬챙이

※ 어린아이가 만들 때는 대꼬챙이 끝이 위험하므로
끝을 잘라서 다치지 않게 테이프로 마감한 것을
건네주세요.

1 접기선을 만들어요.

2 옆으로 뒤집어요.

3 반을 접어서 접기선을 만들어요.

옆을 접은 다음
위쪽 모서리를 접어요.

접었다가 펴요.

4 표시선대로 접어 사각주머니를 만들어요.

사각주머니를 만드는 모습.

5 앞장만 중심선에 맞춰서 접고, 접기선을 만들어요. 뒤쪽도 똑같이 접어요.

놀이법

뒤쪽 중심에 가볍게 대꼬챙이를 꽂아서
세워요. 옆에서 입으로 후우 불면 빙글빙글
돌 거예요.

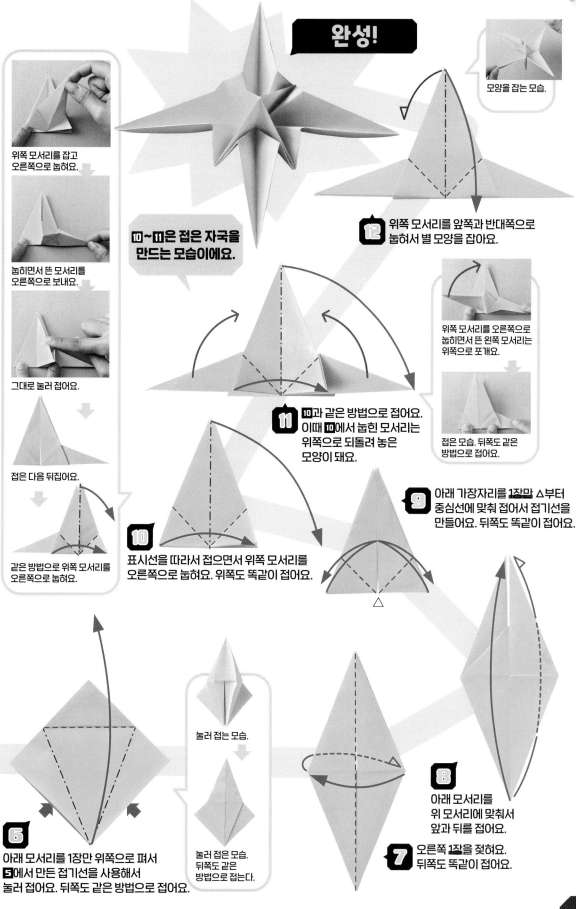

위쪽 모서리를 잡고
오른쪽으로 눕혀요.

모양을 잡는 모습.

눕히면서 뜬 모서리를
오른쪽으로 보내요.

10~11은 접은 자국을
만드는 모습이에요.

12 위쪽 모서리를 앞쪽과 반대쪽으로
눕혀서 별 모양을 잡아요.

그대로 눌러 접어요.

위쪽 모서리를 오른쪽으로
눕히면서 뜬 왼쪽 모서리는
위쪽으로 포개요.

접은 모습. 뒤쪽도 같은
방법으로 접어요.

접은 다음 뒤집어요.

11 **10**과 같은 방법으로 접어요.
이때 **10**에서 눕힌 모서리는
위쪽으로 되돌려 놓은
모양이 돼요.

9 아래 가장자리를 1장만 △부터
중심선에 맞춰 접어서 접기선을
만들어요. 뒤쪽도 똑같이 접어요.

같은 방법으로 위쪽 모서리를
오른쪽으로 눕혀요.

10 표시선을 따라서 접으면서 위쪽 모서리를
오른쪽으로 눕혀요. 위쪽도 똑같이 접어요.

△

눌러 접는 모습.

8 아래 모서리를
위 모서리에 맞춰서
앞과 뒤를 접어요.

6
아래 모서리를 1장만 위쪽으로 펴서
5에서 만든 접기선을 사용해서
눌러 접어요. 뒤쪽도 같은 방법으로 접어요.

눌러 접은 모습.
뒤쪽도 같은
방법으로 접는다.

7 오른쪽 1장을 젖혀요.
뒤쪽도 똑같이 접어요.

소리를 내는 악기를 종이접기로 만들어 볼게요.
음표와 북, 모두 만들어서 합주해도 신날 거예요.

통통 핸드드럼

딴딴딴 음표

리듬 악기

준비물
색종이 1장

놀이법

음표 캐스터네츠
한쪽을 잡고 다른 쪽을 맞대서
캐스터네츠(짝짝이)처럼 소리를 내요.

통통 핸드드럼
위를 두드려서 소리를 내요. 손가락으로
두드리거나 연필로 두드려도 재미있어요.

음표 캐스터네츠

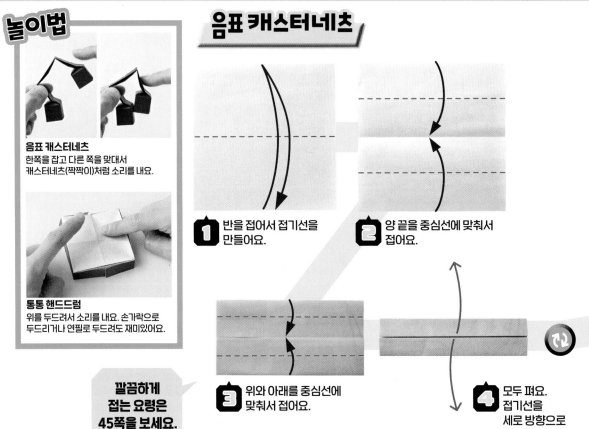

1 반을 접어서 접기선을
만들어요.

2 양 끝을 중심선에 맞춰서
접어요.

깔끔하게
접는 요령은
45쪽을 보세요.

3 위와 아래를 중심선에
맞춰서 접어요.

4 모두 펴요.
접기선을
세로 방향으로
돌려요.

72

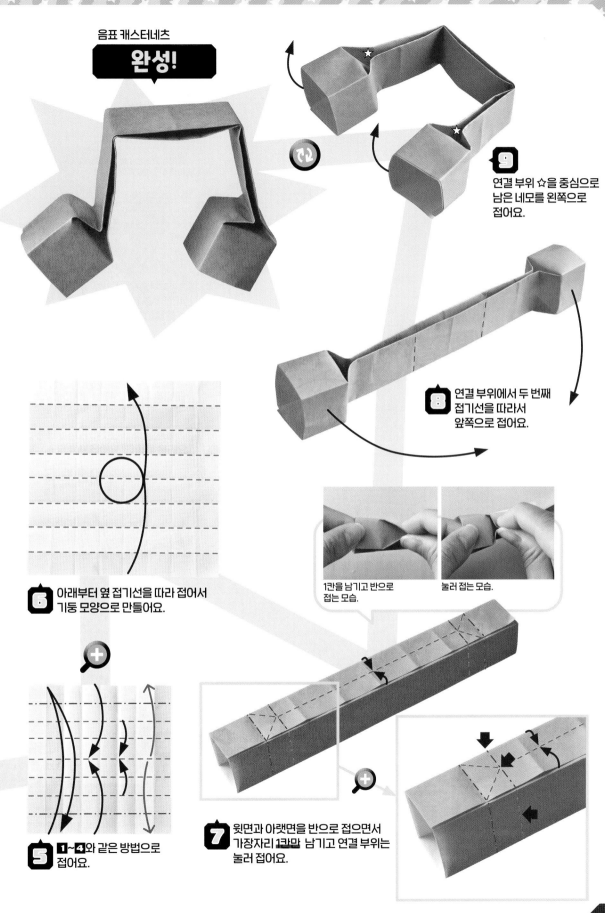

음표 캐스터네츠
완성!

9 연결 부위 ☆을 중심으로 남은 네모를 왼쪽으로 접어요.

8 연결 부위에서 두 번째 접기선을 따라서 앞쪽으로 접어요.

1칸을 남기고 반으로 접는 모습.

눌러 접는 모습.

6 아래부터 옆 접기선을 따라 접어서 기둥 모양으로 만들어요.

5 **1**~**4**와 같은 방법으로 접어요.

7 윗면과 아랫면을 반으로 접으면서 가장자리 1칸만 남기고 연결 부위는 눌러 접어요.

통통 핸드드럼

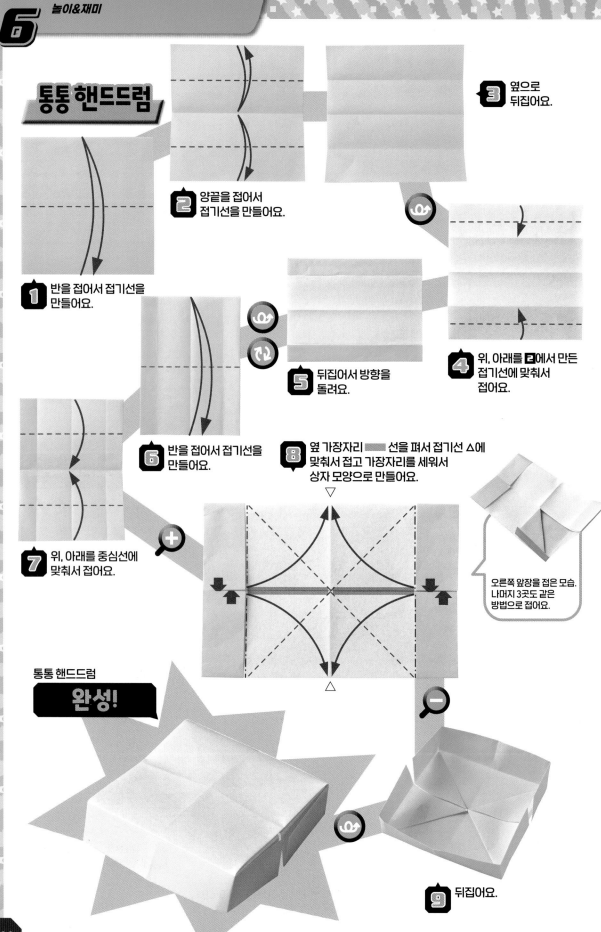

1 반을 접어서 접기선을 만들어요.

2 양끝을 접어서 접기선을 만들어요.

3 옆으로 뒤집어요.

4 위, 아래를 **2**에서 만든 접기선에 맞춰서 접어요.

5 뒤집어서 방향을 돌려요.

6 반을 접어서 접기선을 만들어요.

7 위, 아래를 중심선에 맞춰서 접어요.

8 옆 가장자리 ▬ 선을 펴서 접기선 △에 맞춰서 접고 가장자리를 세워서 상자 모양으로 만들어요.

오른쪽 앞장을 접은 모습. 나머지 3곳도 같은 방법으로 접어요.

통통 핸드드럼
완성!

9 뒤집어요.

딱총

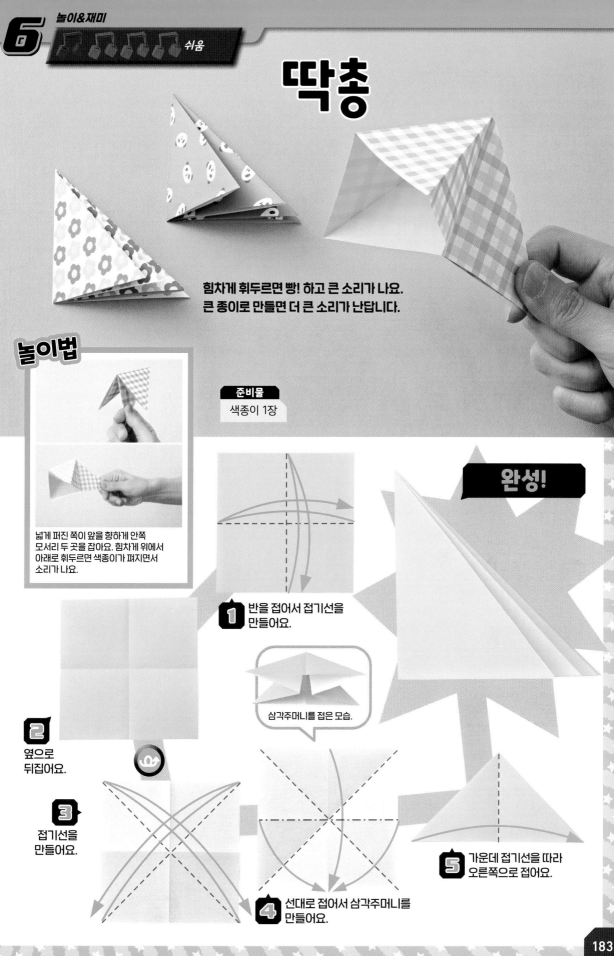

힘차게 휘두르면 빵! 하고 큰 소리가 나요.
큰 종이로 만들면 더 큰 소리가 난답니다.

놀이법

넓게 퍼진 쪽이 앞을 향하게 안쪽
모서리 두 곳을 잡아요. 힘차게 위에서
아래로 휘두르면 색종이가 펴지면서
소리가 나요.

준비물
색종이 1장

완성!

1 반을 접어서 접기선을
만들어요.

삼각주머니를 접은 모습.

2 옆으로
뒤집어요.

3 접기선을
만들어요.

4 선대로 접어서 삼각주머니를
만들어요.

5 가운데 접기선을 따라
오른쪽으로 접어요.

조금 어려움

보기만 해도 군침이 도는 만화 속의 만화고기를 닮았어요.
뼈 부분을 잡고 입을 크게 벌려서 얼른 한 입 먹고 싶네요.

바비큐

준비물
색종이 1장

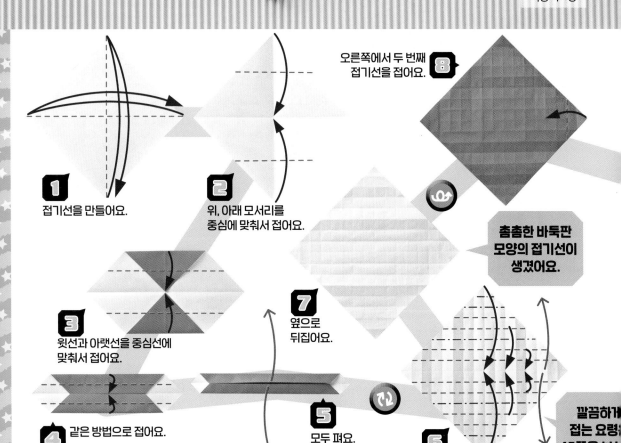

1 접기선을 만들어요.

2 위, 아래 모서리를 중심에 맞춰서 접어요.

3 윗선과 아랫선을 중심선에 맞춰서 접어요.

4 같은 방법으로 접어요.

5 모두 펴요. 접기선을 세로 방향으로 돌려요.

6 ②~⑤와 같은 방법으로 접어요.

7 옆으로 뒤집어요.

8 오른쪽에서 두 번째 접기선을 접어요.

촘촘한 바둑판 모양의 접기선이 생겼어요.

깔끔하게 접는 요령은 45쪽을 보세요.

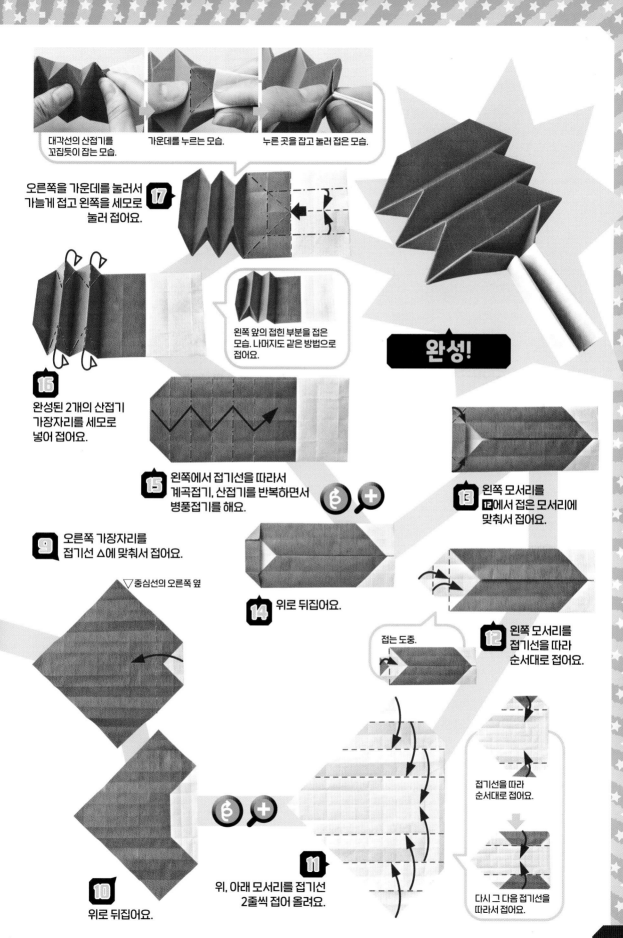

대각선의 산접기를
꼬집듯이 잡는 모습.

가운데를 누르는 모습.

누른 곳을 잡고 눌러 접은 모습.

오른쪽을 가운데를 눌러서
가늘게 접고 왼쪽을 세모로
눌러 접어요. **17**

왼쪽 앞의 접힌 부분을 접은
모습. 나머지도 같은 방법으로
접어요.

완성!

16
완성된 2개의 산접기
가장자리를 세모로
넣어 접어요.

15 왼쪽에서 접기선을 따라서
계곡접기, 산접기를 반복하면서
병풍접기를 해요.

13 왼쪽 모서리를
12에서 접은 모서리에
맞춰서 접어요.

9 오른쪽 가장자리를
접기선 △에 맞춰서 접어요.

▽중심선의 오른쪽 옆

14 위로 뒤집어요.

접는 도중.

12 왼쪽 모서리를
접기선을 따라
순서대로 접어요.

접기선을 따라
순서대로 접어요.

10
위로 뒤집어요.

11
위, 아래 모서리를 접기선
2줄씩 접어 올려요.

다시 그 다음 접기선을
따라서 접어요.

햄버거와 감자튀김을 종이접기로
만들어 볼게요. 감자튀김은 종이 1장으로
감자와 상자를 만들 수 있어요.

감자튀김

햄버거

햄버거 가게

준비물
색종이 1장

햄버거

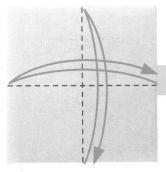

1 접기선을 만들어요.

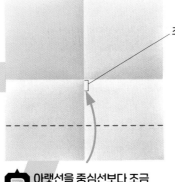

조금 띄워요..

2 아랫선을 중심선보다 조금
아래쪽에 맞춰서 접어요.

5 옆선을 중심선에 맞춰서
접어요.

3 윗선을 중심선에 맞춰서
접어요.

4 옆으로 뒤집어요.

감자튀김

1 반을 접어서 접기선을 만들어요.

2 아랫선을 중심선에 맞춰서 접어요.

3 같은 방법으로 접어요.

4 모두 펴요.

5 접기선이 오른쪽에 오게 방향을 돌려요.

6 반을 접어서 접기선을 만들어요.

7 윗선과 아랫선을 중심에 맞춰서 접어요.

햄버거

완성!

6 위쪽 모서리는 크게 아래쪽 모서리는 작게 접어요.

7 옆으로 뒤집어요.

빵 사이에 하얀 부분을 색종이, 색연필로 갈색이나 초록색을 넣어서 상추와 고기를 표현해 보세요.

이어서

8 가운데 윗선과 아랫선에
맞춰서 접어요.

9 오른쪽에서 3번째
접기선을 따라서 접어요.

10 위로 뒤집어요.

11 위, 아래를 1장만 중심선에 맞춰서 접고,
오른쪽 모서리는 세모로 눌러 접어요.

가장자리를 중심선에 맞추고
모서리는 눌러 접어요.

눌러 접은 모습. 위쪽도 같은
방법으로 접어요.

12 11에서 접은 곳을 1장만 뒤로 반을
접고 오른쪽으로 눌러서 입체적으로
만들어요. 뒤집어요.

반으로 접은 다음 꼬집듯이
접고 오른쪽으로 눕혀요.

오른쪽으로 접힌 모습.

감자튀김
완성!

13 포개 놓은 곳을 조금
펴요.

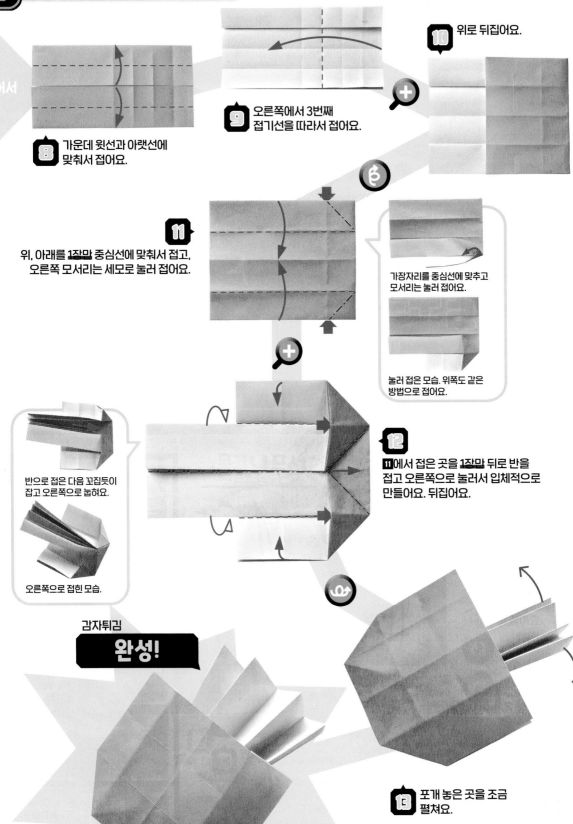

준비물
색종이 1장

밥과 재료를 각각 상자 모양으로
접어서 조립해요. 재료는 다양한
색을 사용해 좋아하는 초밥을
만들어 보세요.

재료

밥

초밥집

여기만
접어요.

오른쪽 위 접기선을
만드는 모습.

밥

하얀 밥은 색종이 뒷면이
겉으로 나오게 하면 되므로
어떤 색이라도 괜찮아요.

위에서
첫 번째

아래에서
첫 번째

1 반을 접어서 접기선을
만들어요.

2 위와 아래를 중심선에
맞춰서 접어요.

6 가장자리를 접기선 △▲에 맞춰서
각각 2칸만 접기선을 만들어요.

계속

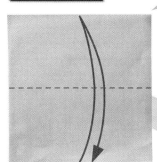

3 윗선과 아랫선을
중심선에 맞춰서 접어요.

4 모두 펴요.
접기선을 세로 방향으로
돌려요.

깔끔하게
접는 요령은
45쪽을 보세요.

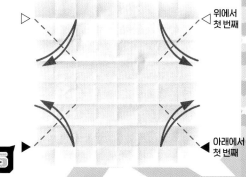

5 **1~4**와 같은
방법으로
접어요.
옆으로
뒤집어요.

재료

1 밥의 **1**~**5**와 같은 방법으로 접기선을 만들어요.

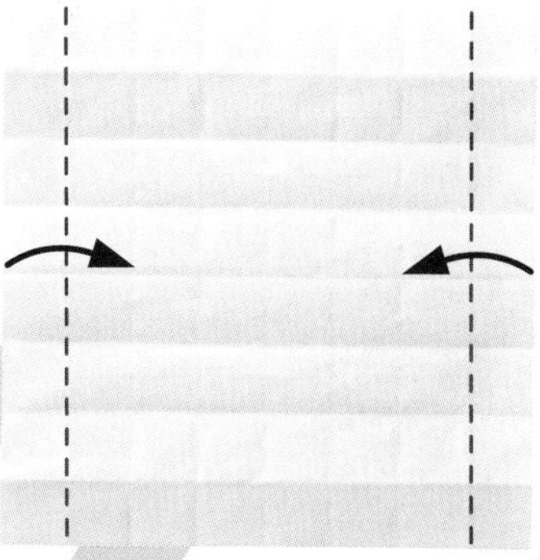

2 옆을 첫 번째 접기선을 따라서 접어요.

5 옆으로 뒤집어요.

3 옆으로 뒤집어요.

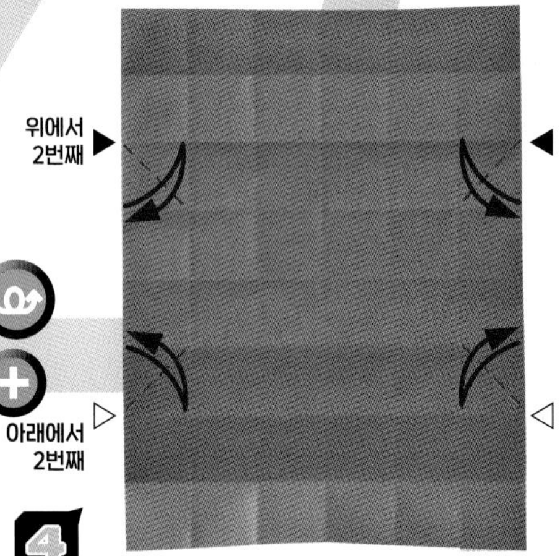

위에서 2번째 ▶

◀

아래에서 2번째 ▷

◁

여기만 접어요.

오른쪽 아래에 접기선을 만드는 모습.

4 가장자리를 각각 접기선 △▲에 맞춰서 1칸만 접기선을 만들어요.

상자 모양으로 접는 모습.

이어서

7 옆으로 뒤집어요.

8 바깥쪽에서 두 번째 접기선을 따라서 접어요.

◁

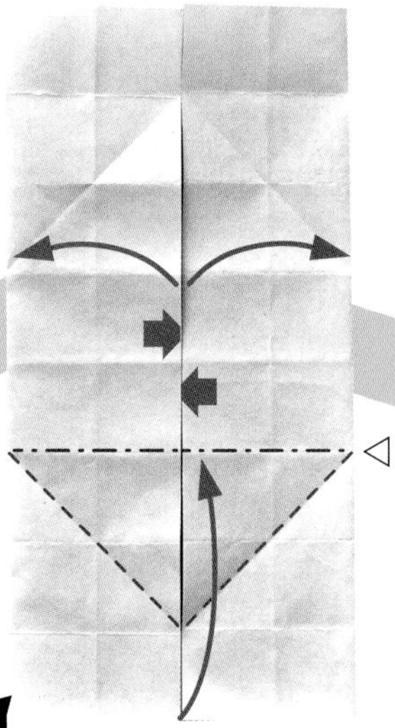

9 가운데 가장자리를 펴서 접기선 △부터 아래를 세워서 상자 모양으로 만들어요.

6 옆을 점선을 따라 접으면서 앞쪽을 접기선 △를 따라 세워서 상자 모양으로 만들어요.

상자 모양으로 접는 모습.

7 위쪽에 나온 부분을 안쪽으로 넣어 접어요.

9 뒤집어요.

재료
완성!

8 반대쪽도 **6**~**7**과 같은 방법으로 상자 모양으로 만들어요.

조립 하기

밥

완성!

재료

밥 옆을 조금 눌러서 재료를 덮어씌워요.

덮어씌우는 모습.

주황색은 연어, 빨간색은 참치, 노란색은 계란말이, 회색은 전갱이나 전어 같은 등푸른생선, 다양한 색으로 재료를 만들어 봐요.

밥
완성!

10 위쪽에 나온 부분을 안쪽으로 접어요.

11 반대쪽도 **9**~**10** 과 같은 방법으로 접어요.

지은이 사사가와 이사무

1968년 일본 나가노현에서 태어났습니다. 쓰쿠바대학 예술학부를 졸업했습니다. 방송 작가로 어린이 프로그램과 애니메이션 각본을 쓰는 한편 그림책 작가로도 활동하고 있습니다. 또 간단한 공작 놀이 활동가로서 종이접기를 비롯해 귤, 물수건, 종이컵같이 친숙한 소재로 누구나 쉽게 따라 만들 수 있는 작품을 만들어 유튜브와 블로그에 공개하고 있습니다. 지은 책으로 《요괴와 마법 종이접기》, 《펜으로 더욱 멋있어지는 종이접기》, 《귤 아트》, 《둥글둥글 뒹굴뒹굴》, 《모양이 휙!휙!휙》 등이 있습니다.

사사 튜브(sasa tube)
www.youtube.com/IsamuSasagawa
사사 블로그
ameblo.jp/sasablog/

옮긴이 남가영

대학에서 전기공학을 전공했습니다. 취미로 시작한 일본어 공부에 푹 빠져 일본에서 생활하다가 번역의 매력에 끌려 번역가의 길로 들어섰습니다. 손뜨개, 퀼트, 피아노 연주, 그림책 모임 등 다양한 취미 생활을 즐기며 바쁜 나날을 보내고 있습니다. 현재 글밥아카데미를 수료한 후 외서 기획을 하며 바른번역 소속 번역가로 활동 중 입니다. 옮긴 책으로 《아이짱의 비밀》, 《새로운 코바늘 뜨기의 기본》, 《버블버블퐁퐁 손뜨개 수세미》, 《소년 과학 탐정 1(두개골의 비밀)》, 《소년 과학 탐정 2(자살인가 타살인가)》 등이 있습니다.

재미있는 남자아이 종이접기

2025년 2월 20일 1판 1쇄 발행

지은이 **사사가와 이사무** | 옮긴이 **남가영**
펴낸이 **문제천** | 펴낸곳 **㈜은하수미디어**
편집진행 **문미라** | 편집 **방기은** | 디자인 **정수연, 김해은** | 제작책임 **문제천**
주소 **서울시 송파구 송이로32길 18, 405 (문정동, 4층)**
대표전화 **(02)449-2701** | 팩스 **(02)404-8768** | 편집부 **(02)3402-1386**
출판등록 **제22-590호(2000. 7. 10)**
©2025, Eunhasoo Media Publishing Co., Ltd.

OTOKONOKO ORIGAMI (男の子おりがみ)
©Isamu Sasagawa 2023
Originally published in Japan by Shufunotomo Co., Ltd.
Translation rights arranged with Shufunotomo Co., Ltd.
Through JM Contents Agency Co.